ナラティヴと心理アセスメント

協働的／治療的につなぐポイント

[編著]
田澤安弘／橋本忠行

The Narrative Approach to Psychological Assessment
Essential points fostering collaborative-therapeutic relationship

[著]
大矢寿美子
近田佳江
野田昌道
森岡正芳
吉田統子

創元社

序　文

　協働的／治療的アセスメントに関わる本邦初の論集がとうとう出版された。待望のものである。本書はアセスメント関連の書物のなかでは、画期的な試みである。

　クライエントと協働で行うアセスメント……？　従来の心理臨床観では違和感が伴うかもしれない。私はこちらの方が本来のアセスメントだと考える。アセスメントの最前線の考え方でありながら、むしろその基本を指し示すものだ。

　臨床心理学は実践において、アセスメントとトリートメント（心理面接・心理療法）は密接に連続しあって行われるものである。ところが、慣例的にアセスメントとカウンセリングを同一セラピストが行うのは避けた方がよいと言われてきた。なぜならば、アセスメントとカウンセリングとでは、セラピストの構えが違っているからである。

　妙な話でもある。極端な言い方をすると、アセスメントの場面では、個人の人生に関心を持ってはならず、その人の病理を把握することが、優先される。相手の病理や障害を特定し、分類し、その分析を通して結果を報告する。ここに距離を取って相手を眺める視点が忍び込む。結果については専門家の間でまず共有され、事前の検討を経たうえで、クライエント、家族にフィードバックされる。心理療法のプロセス促進を阻害する可能性があるとされるため、専門家同士の検討部分は、クライエント家族には明らかにされない。

　このように視点が異なることから、セラピーの途中で、発達や

パーソナリティの側面を把握する必要性があり、検査を行う時に、セラピストと違う人にテスターを頼むというのが慣例であった。

　しかし、アセスメントもカウンセリングも、実際には人が行うものだから、クライエントにとって、カウンセリングとテストで、セラピストの態度が違うということは分かりにくいだろう。いいかえると査定者の関心の向け方、態度姿勢によって、アセスメント場面に生じる事象は違ってくる。査定者が、クライエント個人の人生に関心を持つか否かによって、決定的な差が出てくる。

　本書では"物語""ナラティヴ"という言葉がキーワードの一つになっている。ナラティヴは臨床、対人支援の場だけでなく、人間科学全般でにぎわいを見せているが、この概念は多義的で難しい。ナラティヴの理解には実践場面に常に照合しつつ、ナラティヴのはたらきを、そのつど確かめ、定義していくのがよい。医療現場と心理療法の場面を中心に、ナラティヴの概念が導入されてきた。心理アセスメントという場で、ナラティヴがどのようなはたらきを持つかについて、これまでのナラティヴ論の文脈では正式な紹介はされていないと思われる。私も驚きと関心を持って見ている。心理臨床場面から考えると、アセスメントの各テスト類は、ナラティヴを引き出す優れた媒介である。これは臨床場面で私たちが行っていることを素直に見ると、当然のことと思える。

　検査によってクライエントの状態についてデータを得る。特定の検査に応じて、クライエントの能力、心的機能、人格特性について把握できる。この「について」の知が臨床アセスメントにおいて優位を占めるのは、検査の基本的な目的である。

　他方で、もう一つの臨床の知がある。"協働知"すなわち、相

手と一緒に作っていく知である。相手に接する態度の違いに応じ
て、得られる「知」のあり方も異なってくる。

　二つの知は次元が違う。心理検査の報告は、おおむね前者の知
見をもとに行われる。一方、現場で人と接していると、実際に会
った時その人に固有の何かをキャッチしている。その感触も報告
には微妙に反映している。その人に固有の何かは、対話交流を通
じてのみ得られるものである。「テスターは、クライエントにと
って対話のパートナーである」と田澤が述べるように、とくに結
果のフィードバック、テストとその結果を介しながら、クライエ
ントと対話をかさねる。

　それでは、テスターがクライエントと対話のなかでともに生ま
れる知をどのように作っていけるだろうか。本書の各章の具体事
例が雄弁である。対話のやり取りが詳細に提示されている。「こ
の場で」生まれる知が活き活きと描かれている。厳しい実践の場
にもかかわらず、随所に挙げられている臨床的挿話の数々を通し
て、テスターたちの心意気がよく伝わってくる。クライエントへ
の一貫した関心の持続を強く感じる。おそらく、クライエントだ
けでなく、査定者＝セラピストにとっても自らの成長に意味のあ
る作業となっているからだろう。このことの臨床的意味は看過で
きない。

　アセスメントを媒介するのはもちろん検査ツールであるが、最
終的には、クライエントの言葉が心の現実を外界へと橋渡しする
はたらきは大きい。言葉は意味の受け手、聞き手を求める。そし
て一人が話す言葉の意味は聞き手に応じて理解が異なる。意味が
聞き手の数だけ生まれるともいえる。その人の状態を把握するに

序　文

あたって、言葉を介して行うかぎり、このことは常につきまとう問題である。ナラティヴ・アプローチは、言葉のこのようなはたらきを積極的に用いる。聞き手と一緒に作り出す「意味の多様性」を臨床的に活かす。

　査定場面では、クライエントはもともとさほど雄弁ではない。積極的に語ることを控えるだろう。セラピーとは文脈が異なる。クライエントはその違いを敏感にキャッチして、自らの態度をアセスメントの文脈に沿って変化させるだろう。

　協働的／治療的アセスメントでは、体験の意味を伝える言葉のはたらきに焦点をあてるので、慣例的に行われる検査場面と比べ、クライエントがどのようにテストを体験したのかというフィードバックと、それを受けてのテスターのふりかえりの作業に、より力点を置くことになる。それには一連の作業が安心して行われる文脈作りが欠かせない。

　アセスメントの場合、聞き手はもちろんテスターであり、そのことは自明のように見える。しかし、対話は関係平面のものだけではない。同時に、複数の対話が起きている。本書では、MMPI、PFスタディ、バウムテストなどポピュラーなものをもとに、テストでの対話場面が紹介されている。例えばMMPIの反応の一部を個人のライフストーリーの文脈において、あらためて吟味する。そこにクライエントの人生が反映していることがわかる。

　考えてみれば、テスターとクライエントの対話に加え、各検査自体が問いの集合体である。検査の教示と質問項目一つひとつが、自らをふりかえる手掛かりとなる問いから成り立っている。心理テスト場面とは問いの専門性によって対話を導くものであると捉

えることができる。

　協働的／治療的アセスメントはさらに、"問いかけ"を工夫する。「これからいくつか心理検査を一緒にやっていきましょう。何か知りたいことや気にかかっていることはありますか?」このような問いかけから導入されるアセスメントは、そこにおいて引き出されるものは従来のものとは違ってくる。問いに対する応答によって、クライエントの現実が構成されていくのである。それは、あらかじめ予想される範囲の結果を導くような問いではない。

　通常のアセスメント場面では通り過ぎてしまうことも、時間をかけてこの問いと対話に付き合うのが、協働的／治療的アセスメントということだろう。橋本によると、フィッシャーは心理検査から得られたデータを写真のスナップショットに喩えたという。そのショットを「一緒に」見て語り合う。クライエントの世界が近づいてくる。こうやってテストの一つひとつの反応を共に語り、味わいつつ、進めていく時間を作りたい。

　このように、協働的／治療的アセスメントとナラティヴ論は、臨床への認識論や言語観において交差しあう。協働的／治療的アセスメントは、臨床の場で生じていることのエッセンスを抽出し、洗練された枠組を提示するものである。

　研究グループが長年取り組んでこられた成果が形になったことを喜びたい。とても刺激的な本だ。臨床の場で広く論議を巻き起こすと確信する。

2018年　修二会も過ぎし頃

森岡 正芳

序　文

まえがき

　「心理アセスメントにも愛がなくちゃね」——これが、私と相棒の橋本忠行先生をつないできた共通認識です。心理臨床の世界が愛のある心理アセスメントで溢れる日を思い描いて、私たちはこれまで協働して活動してきたような気がします。本書は、そんな二人と仲間たちの手による、協働的で治療的な心理アセスメントをテーマとしています。

　ここまで読んで胡散臭さを感じた方は、どうぞご安心ください。本書は「ヒューマニズムに基づいた心理アセスメント」を指向するものの、「愛」について語るものではありません。心理テストの実施とレポートの作成に明け暮れている方には、日常臨床のなかで忘れかけていた大切な何かを思い起こさせるかもしれませんし、従来的な心理アセスメントが自明となっている方には、ある種のテロルと感じられるかもしれません。

　さて、本題に入りましょう。世界的に、人文科学や社会科学の広い領域で、いわゆる"ナラティヴ・ターン"（物語論的転回）が生じつつあります。サイコセラピーの領域にも、マイケル・ホワイトの「ナラティヴ・セラピー」を筆頭とするナラティヴ・アプローチが浸透して、私たちの臨床に深く影響を及ぼしています。ところが、心理アセスメントの領域に生じた"ナラティヴ・ターン"については、これまで紹介されたことがなかったようです。

　21世紀を迎えたいま、心理アセスメントの歴史を振り返ると、

この領域に起こった大変革のマイルストーンが私には非常にはっきりと見えてきます。それは、コンスタンス・フィッシャーの「協働的アセスメント」と、彼女の手法を継承してそれをブリーフセラピーの域にまで発展させた、スティーヴン・フィンの「治療的アセスメント」です。

　本書の執筆陣は、日本心理臨床学会の場で自主シンポジウム「治療的アセスメントについて考える」を2007年から継続的に行ってきた仲間たちです。私たちは、フィッシャーとフィンの"協働的／治療的アセスメント"の方法を紹介するだけでなく、日本の文化に合った協働的アプローチの実践にも努めてきました。そして、2015年のシンポジウムに神戸大学（現在は立命館大学）の森岡正芳先生をお迎えして、ナラティヴの視点からわれわれの方法論を展望する機会を得たのです。

　本書に掲載することになりましたが、その際に行った森岡先生へのインタビューは、私にとって運命的なものとなりました。というのは、"協働的／治療的アセスメント"の出現は心理アセスメントの領域に起こった歴史的な"ナラティヴ・ターン"ではなかったのか、という私のおぼろげな考えを確信に変えてしまったからです。また、ナラティヴを切り口にすると、心理アセスメントによって私たちがクライエントに対して暗に行っている見えない何かが、見えるものになることを教えていただいたのは、とても大きな収穫でした。

　このような経緯で、橋本先生とのパートナーシップのもと『ナラティヴと心理アセスメント』は生まれました。本書にスローガンがあるとすれば、それは「モノローグからダイアローグへ、心

まえがき

9

理アセスメントの新時代へ」とでも表現できるかもしれません。ポストモダンにふさわしい、心理アセスメントの新しい方法論を紹介するつもりです。

　取り上げるのは、フィッシャーやフィンの定型化された"協働的／治療的アセスメント"だけではありません。さらに広く、協働的なコンテクストのもとで自由に行われる「治療的なアセスメント」も取り上げるつもりです。領域や場としては、大学付属のカウンセリング・センター、精神科デイケア、産業領域の復職支援、家庭裁判所、私設心理相談室を網羅しています。

　プライバシーを保護しなければならない倫理的な問題がありますから、本書では掲載にあたって、クライエントの許可が得られたもの以外は、完全に架空のケースか、合成事例を用いています。後者の場合には、誰でもあり誰でもないような、一般性のあるケースを創作するよう執筆陣にお願いしました。実際のケースについて「語る」ことではなく、具体的実践をわかりやすく「示す」ことが目的ですから、事実ではない創作があることをあらかじめお断りしておきます。

　私の個人的な事情が重なって出版が大幅に遅れてしまい、ご迷惑をおかけした方々にお詫びします。やっと出版にいたったことを感謝し、本書が多くの方々の目に触れることを願っています。特に創元社の津田さんと宮﨑さんには、「あ・り・が・と・さん！」と感謝の言葉を贈ります。

　最後に、本書を今は亡き森俊夫先生のスピリットに捧げたいと思います。2013年にわれわれのシンポの指定討論者としてお招

きした時、治療的なアセスメントがブリーフセラピーとして通用することに太鼓判を押していただいたこと、忘れることができません。ありがとうございました。

平成30年3月
温かな沖縄で人生を再スタートした日に

田澤安弘

目　次

序　文　　　　　　　　　　　　　　　　　　森岡正芳　　3

まえがき　　　　　　　　　　　　　　　　　田澤安弘　　8

序　章　心理アセスメントにおける物語的転回　田澤安弘　　13

第1章　協働的／治療的アセスメントとナラティヴ・セラピー
　　　　　　　　　　　　　　　　　　　　　橋本忠行　　35

第2章　産業領域におけるMMPIを活用した協働的／
　　　　治療的アセスメント　　　　　　　　大矢寿美子　73

第3章　医療領域における心理アセスメント
　　　　──バウムテストとSCTを用いて──　吉田統子　　89

第4章　司法領域における協働的／治療的アセスメント
　　　　　　　　　　　　　　　　　　　　　野田昌道　　105

第5章　私設心理相談室で行う"治療的な"アセスメント
　　　　──インテーク面接における状態不安のダイナミック・アセスメント──
　　　　　　　　　　　　　　　　田澤安弘・近田佳江　123

終　章　モノローグからダイアローグへ
　　　　心理アセスメントの新時代へ
　　　　──ナラティヴの視点から見た協働的／治療的アセスメント──
　　　　　　　　　話し手：森岡正芳／聞き手：田澤安弘　143

あとがき　　　　　　　　　　　　　　　　　橋本忠行　　166

序章

心理アセスメントにおける
物語的転回

田澤安弘

はじめに

　1980年代から1990年代にかけて、人文科学や社会科学の諸領域に、大規模なナラティヴ・ターン〔以下、物語的転回〕が生起した。モダンの科学的知からポストモダンの物語的知への転換を左右したナラティヴの視点は臨床心理学の世界にも導入され、精神分析の領域では『物語的真実と歴史的真実』〔Spence, 1982〕のスペンスや『人生を語り直す』〔Schafer, 1992〕のシェーファー、ブリーフセラピー・家族療法の領域ではホワイトとエプストンのナラティヴ・セラピー、アンダーソンとグーリシャンのコラボレイティヴ・セラピー、アンデルセンのリフレクティング・プロセス、セイックラのオープン・ダイアローグといった、ポストモダンを代表するナラティヴ・アプローチが生まれた。

　また、社会構成主義、ポスト構造主義、ネオプラグマティズムなどポストモダンの思想を反映するものであるが、物語的転回以降は、臨床実践の方法論として折衷的かつ多元的なアプローチが主流となりつつある。セラピストが自らのオリエンテーションに固執して、一定の立場をあくまで貫こうとするのはもはや時代遅れであり、クライエントに応じて、セラピーのプロセスに応じて、複数のアプローチを適度に折衷しながら柔軟に関与する、複眼的な姿勢が求められるようになったと言えるであろう。さらに、質的研究法としてのナラティヴ研究がいまも目覚ましい勢いで発展しつつあり、エビデンスを重視する実証的な量的研究によってはすくい取ることのできない、セラピーの生きた現実に光を当てることが可能となっている。

セラピーから転じて、心理アセスメントの領域について考えてみよう。本論が主張するのは、セラピーのみならず、心理アセスメントの世界でも物語的転回はすでに起こっているのだというものである。そのマイルストーンとなるのは、後述するフィッシャーの協働的アセスメントと、フィンの治療的アセスメントに他ならない。これらは、セラピーのスタート地点でアセスメントを行い、収集された情報に基づいてあらかじめ介入法を計画するという、伝統的な情報収集型アセスメントを超えている。

　さらにフィンに至っては、心理アセスメントのプロセスをブリーフセラピーとして展開するものであり、伝統的に分断されていたセラピーとアセスメントの間の垣根を取り払って、ポストモダンにふさわしいパラダイム・チェンジないし脱構築を成し遂げているほどである。

　現代の物語的転回へとつながる思想史上の重要なトピックは、おおよそ以下のようになるであろうか。思いつくままに列挙してみよう。

> カントのコペルニクス的転回／マッハの認識論的転回／ニーチェの（羅
> 生門的）パースペクティヴ主義／19世紀末から20世紀初頭にかけて起こ
> った大転換（主として言語論的転回）／現象学と哲学的人間学の系譜／
> 後期ハイデガーの転回（ケーレ）／システム論の系譜／認知革命（情報
> 処理理論と意味論）／対話哲学の系譜／ナラトロジー（物語論）の系譜
> ／解釈学とテクスト論の系譜／構造主義とポスト構造主義の系譜／脱構
> 築の哲学とネオプラグマティズムの系譜／心理学的構成主義と社会構成
> 主義の系譜／1980年代の言語論的転回（主として歴史哲学）

序　章 ❖ 心理アセスメントにおける物語的転回

あくまで素人の独断的なリストであり、哲学を専門とする研究者には異論があるかもしれない。紙数の都合もあり、要点のみ示すことにする。この1世紀の間に、絶対知を求めるロゴス中心主義の伝統的哲学は終焉を迎えたと言われているが、19世紀末から20世紀初頭の大転換以降、どのような変化が起こったのであろうか。

　まず、カッシーラーの『実体概念と関数概念』〔Cassirer, 1910/1979〕やホワイトヘッドの『過程と実在』〔Whitehead, 1929/1979〕が示唆的であるが、われわれの認識を離れてそれ自体で存立する実体やデカルト的なコギト（純粋自我）が否定され、関係性やプロセスにおいて生成する主体が重視されるようになった。つまり、主観／主体のみならず客観／客体もが、不変不動の実体的存在ではなく、生成消滅する関係的・プロセス的存在として理解されるようになったのである。それにともなって、分断された主観－客観図式が崩壊して観察者も含めた全体としてのシステムが想定されるようになり、観察者は、システムの一方的外部観察者から、対象と相互的に影響を及ぼし合う関与的内部観察者へと変化することになった。言い換えると、客観の側にも主体が導入されると同時に、主観側の特権的な大文字の主体が死を迎えたのである。しかしながら、ハイデガー〔Heidegger, 1947/1997〕のごとく大文字の主体の死が、すなわち反ヒューマニズムを意味するとは思われない。自我中心主義や人間中心主義としての狭義のヒューマニズムが、終焉を迎えただけであろう。

　認識論的には、人間の認識（意識）は受動的に対象を受け入れてそれを単に映し出す鏡と考えられていたが、そのようにして対象が認識を規定するのではなく、反対に認識活動が対象の形式を

構成して規定するものとなった。そこに言語が導入されると、現実は言語によって構成されるものとなり、さらにナラトロジーの視点が合流することによって、現実や自己同一性はナラティヴによって構成されるものと理解されるようになった。このすぐ後に物語的転回が待ち構えていたわけであるが、その他にも対話論、言語行為論、テクスト解釈学、社会構成主義などの流れが合流し、臨床心理学の世界にも大きなパラダイム・チェンジが生起したのである。

　論じるべきことは尽きないが、ここまでとしよう。本論の構成である。まず、物語的転回によって心理アセスメントがどのように変化したのか論じる。次いで、ポストモダンの心理アセスメントにおける専門性と専門知の在り方について述べる。そして最後に、物語的転回のマイルストーンとなる心理アセスメントのパイオニアたちについて言及する。

心理アセスメントの物語的転回

物語的転回前の伝統的アセスメント

　まず、物語的転回が生起する以前の伝統的な心理アセスメントの特徴について描写しておこう。

　セラピストと査定者の分業というかたちに色濃く表れているが、臨床心理学の出自がフロイトの精神分析学とフェヒナーやヴントの精神測定学というまったく異なる学問領域であったためか、これまでセラピーとアセスメントは分断されていた。つまり、セラピーを目的とすれば、アセスメントはその手段として用いら

れてきたのである。言い換えるなら、心理アセスメントは、クラ
イエントを診断的に分類するために、あるいはその処遇や治療の
方針を事前に計画するために、情報収集を目的として行われてき
たのである。そのため、査定者の役割は情報を収集するだけのテ
スター、あるいはそこから一歩進んで心理学的診断を行い見立て
る者であった。査定者にとってのアセスメントのゴールは心理学
的診断ないし見立てに至ることであり、この場合、アセスメント
の結果は間接的にセラピーに生かされるだけである。治療を開始
する前段に診断を置く医学モデルに類似する手続きであり、われ
われは、査定者としてクライエントの問題を特定し、それにもと
づいてセラピストとして介入することによって修復を図るよう
な、特権的なポジションに立っていたと言えるであろう。

　このような階層的な権力構造のなかで、アセスメントの結果は
クライエントに伝えられることなく秘匿されたままである。専門
家ではないクライエントには、自らの情報にアクセスする権限さ
え認められない。かりに結果が伝えられたとしても、クライエン
トは、専門家から一方的かつ受動的にフィードバックされる劣位
のポジションに立たされるだけである。ここでは、まさに専門家
のモノローグが繰り広げられると言えよう。クライエントに対す
る査定者の問いは、クライエントを正確に反映しているはずの解
釈内容とその内省意識が一致しているかいないか（解釈が当たって
いるかいないか）、クライエントが査定者の解釈を受け入れるか受
け入れないかという確認になりがちである。最悪の場合、査定者
にとって正確で正しいフィードバックが、結果としてクライエン
トを傷つける暴力となる。

　アセスメントは、標準化された手続にしたがって準－実験室的

な状況で行われ、それが実施されたコンテクストの影響は度外視される。クライエントはテスト刺激に対して受動的に反応する客体であり、能動的な主体とはみなされない一方で、査定者は、認知的バイアスのない第三者的かつ中立的な観察を行う客観的観察者とみなされる。標準化された手続きを中立的な態度で実行することが推奨されるためにクライエントに対して共感的態度が示されることはないが、かりに示されたとしても、それはあくまで情報収集を目的とした手段にすぎない。心理尺度によって測定された数値は、クライエントのあるがままの現実を正確に反映していると考えられ、測定された精神病理や性格特性が実体のごとくクライエントの内面に実在するものと判断される。そして、その結果を解釈するのは、一定のオリエンテーションを持った専門家としての査定者である。

ポストモダンの心理アセスメント

　次に、物語的転回が生起した後のポストモダン的な心理アセスメントの特徴について描写してみよう。

　心理アセスメントは、診断的な見立てや精神病理の視点から解放され、もはや医学モデルから自由である。そのため、アセスメントのプロセスがセラピーとして行われたり、セラピーにアセスメントが組み込まれたりすることによって、アセスメントとセラピーあるいは査定者とセラピストの間を分断していた壁が崩壊するに至った。また、実体化されたパーソナリティや病理をたんに記述するだけの静的なスタティック・アセスメントが物語的転回前のアセスメントであるとすれば、ポストモダン的なアセスメントの代表格は、プロセスや変化を測定して対話的交流を行う動的

なダイナミック・アセスメントということになるであろう。

　クライエントと査定者は階層的な権力構造を超えて、人として対等な協働的関係性を構築しようとする。クライエントの問題は査定者が一方的に特定するのではなく双方が協働的に定義し、アセスメントのゴールもまた査定者の見立てに置かれるのではなく双方の対話によって決定される。それにともなって、アセスメントの結果はセラピーを目的とした手段として間接的に生かされるのではなく、相互的に設定された（さしあたりの）ゴールに向かうプロセスにおいて直接的に活用されることになる。

　協働的な関係性のなかでは、アセスメントの結果が一方的にフィードバックされるのではなく、クライエントとともに分かち合われる。心理尺度によって測定された数値の意味も、二人の間で、ローカルな知として社会的に再構成されることになる。アセスメント直後のさしあたりの結果解釈は、多元的かつ複眼的なオリエンテーションをもつ査定者が一人で行うこともあれば、クライエントと協働して行われることもある。伝統的なアセスメントにおいては、フィードバック・セッションを設けたとしても査定者の一方的モノローグによる結果の伝達に終始するが、ここでは査定者の共感性や受容性をともなう協働的コンテクストのなかでダイアローグが展開していく。もはやそれはフィードバックではなく、語り合いである。そして、相互に影響を及ぼす対話によってクライエントのナラティヴが生成し、自明であった自己についての既存の物語が新しい物語へと変化していくことになる。その意味で、心理アセスメントにおけるナラティヴの主要な在りかは、アセスメントの結果について語り合うこの対話場面に他ならないであろう。もちろん、本人のプレゼンスを前提としないエクリチュール

20

によるナラティヴも重要である。伝統的アセスメントにおける単なる検査レポートは、心を込めて語りかけるクライエント宛ての手紙となる。

　物語的転回以降の心理アセスメントにおいても、心理検査自体は標準化された手続にしたがって行われる。ただし、それは相互的交流を媒介するツールとして用いられるわけで、アセスメントの場面もセラピーの場面と同様にして、他の誰でもない固有名をもつクライエントと査定者の出会いの場として、つまり汝と我の出会いの場として理解される。クライエントは、テスト刺激や自己に対して能動的に意味づけを行う主体とみなされる。査定者は、クライエントに影響を及ぼすと同時に影響を及ぼされる関与的観察者であり、クライエントとともに円環的な言語システムとしての査定場面を構成する一翼を担う。完全に客観的な無垢の結果が得られる測定法など存在せず（理論と測定尺度の循環構造）、査定者の主観的な視点の影響（解釈学的循環）や、査定者がクライエントに与える影響（関与的観察）によって結果の解釈が多様化したり、クライエントの反応そのものが査定者によって異なってくること（検査結果の相対性）が当然視される。

専門性や専門知は放棄されるべきなのか

専門性の行方

　物語的転回以前の査定者が情報を収集して見立てる者であるとすれば、転回後の査定者すなわちセラピストはいったい何者なのであろうか。ポストモダンのセラピーではセラピストの無知の姿

勢が重視され、権威的な専門家としての専門性や専門知が棚上げにされる。では、心理アセスメントはどうなのであろうか。

　ポストモダンの査定者／セラピストは、情報を収集して専門知としての見立てに至るために心理アセスメントを活用するのではない。心理アセスメントは、もはやクライエントとの対話を促進する媒介として用いられるのである。したがって、心理アセスメントのプロセスはセラピーに他ならず、査定者にはナラティヴ・セラピストと同等の位置づけが与えられることになるであろう。「査定者／セラピスト」という表記は、心理アセスメントに関与するポストモダンの査定者を言い表すための暫定的な命名である。

　ポストモダンの査定者／セラピストは、クライエントにとって対話のパートナーである。心理学的診断とあらかじめ計画された介入によって変化をもたらそうとする戦略（脱人格化された技術）に、専門性を求める必要はない。われわれの専門性は、①クライエントのナラティヴを生成させる内的対話と外的対話を促進するために、物語と対話に向けた協働的なコンテクストを構築すること、②矛盾する複数の考えや信念のポリフォニーを受容し、流動的で変化に富むクライエントの一人称の声が聞こえるような、自由にして保護されたスペースを創造すること、③ネオプラグマティズムのローティ〔Rorty, 1979/1993〕の言葉であるが、異質なもの同士が出会う対話と物語の場で、「さまざまな言説の間をとりもつソクラテス的媒介者」となることに見出せるであろう。

　協働的なコンテクストと自由にして保護されたスペースについては説明の必要がないであろうが、以下に、ソクラテス的媒介者について野家〔2007〕を参照して説明する。

　クライエントと査定者は、もともと異質なもの同士である。心

22

理アセスメントが営まれる対面状況は、そのような異質な他者同士が異他的なるものとして出会うポリフォニーの空間である。二人はこの空間で、問いとしての答え、答えとしての問いからなる対話を継続させ、互いに自分自身の信念体系やパースペクティヴの絶え間ない改定作業を行う。この対話は継続すること自体を目的とするのであって、その外部に目的を持たない。つまり、精神疾患の治療や問題解決を目的とした手段として対話が継続されるのではないし、症状や問題が解消されたとしても、それはあくまで対話の一つの副産物にすぎないのである。このような対話場面において、われわれは、日常知はもちろん専門知をも媒介しつつクライエントと出会うことになる。査定者／セラピストは、あらかじめ計画された介入を放棄した無知の姿勢を維持し、そのような不確定性のなかで異質なもの同士の異なるパラダイムを仲介しながら、ソクラテス的媒介者として対話を継続させるのである。結果として査定者／セラピストは、クライエントがナラティヴを生み出すにあたって、ソクラテスのような産婆役を務めることになるであろう。

専門知の行方

　標準化された心理検査の結果を活用する限り、クライエントに向けて大上段に振りかざすことはないにせよ、査定者／セラピストがいったん専門知をくぐってクライエントに再帰するのは疑い得ない。つまり、ポストモダンの心理アセスメントと言えども、権威的な上下関係は放棄されても、専門知ないしマップは放棄されないのである。

　バフチン〔Bakhtin, 1963/1995〕のポリフォニー論によって説明し

序　章 ❖ 心理アセスメントにおける物語的転回

てみよう。彼によると、ドストエフスキーの作品に登場する主人公は、そのナラティヴに関して他の登場人物と対等に位置づけられている。加えて、作者でさえ特権的な地位を与えられていないほどである。その意味で、査定者／セラピスト中心主義やクライエント中心主義は、非対話的な一方的モノローグとして批判されることになるであろう。対話においてはそのつどのセンターが生成するだけであって、クライエントも、査定者／セラピストも、対話のセンター・ステージを永続的に独占することはないのである。もちろん、クライエントにとって自分自身を主人公とする一人称のナラティヴが促進されるような、その人に即した専門知に限定されるであろうが、継続する対話のなかで話し手と聞き手が交代し、査定者／セラピストの専門知が一時的にセンター・ステージに立つことも当然のことと考えられるのである。

　専門知と日常知の視点から、専門知を完全に放棄することの不自然さについて考えてみよう。

　クライエントに対する査定者／セラピストの権威的支配関係と同じく、人間性に対する科学技術の一元的支配には大きな問題があるが、われわれが生きている生活世界では、専門知と日常知は科学技術によって媒介される相互媒介関係にあると言ってもよい。そこには、生活世界に発する日常からの必要性が科学的研究を促進し、ひるがえって、科学的専門知が技術を介して生活世界に影響を及ぼすことによってわれわれの日常的な行為や経験の仕方が変化するような、循環性が存在しているのである。テクノロジーの発展にともなってわれわれの生活形式が一変してしまうことは、誰も否定しないであろう。

　セラピストの無知の姿勢を強調するポストモダンのセラピーで

は、クライエントとセラピストが互いに専門性を分け合う。どちらも対等な専門家というわけである。その背景には、これまでの伝統的なセラピーの世界で、権威的な専門家としてのセラピストが専門知を独占してきたことへの批判があった。しかし、実際の臨床場面ではそれとは異なる現実と遭遇することも事実である。

　自分は○○人格障害である、アダルトチルドレンであるなど、精神医学や心理学などの専門用語を使って自らを診断し、それを自己同一性として身にまとって来談するクライエントと出会ったことはないであろうか。自ら下した診断に拘束されて、物語的自己同一性のストーリーが容易には書き換えられないクライエントに出会ったことはないであろうか。こうしたクライエントは、例えばインターネット経由の専門知に影響され、なおかつセラピストの専門知（専門家としての助言など）を求めて来談することが少なくないように思われる。そして、そのようにして専門知によって硬化したクライエントの自己同一性に対して意外性として揺らぎをもたらし、拘束されていたナラティヴを解放して自由なストーリーの書き換えを促進するのは、往々にしてセラピスト側の日常知なのである。

心理アセスメントにおける物語的転回のマイルストーン

　心理アセスメントが物語的転回を迎えるまでの前史については、フィッシャー〔Fischer, 1985〕の有益なレビューがある。ここでは、転回のマイルストーンとすべき人物について言及する。

伝統的な心理アセスメントの世界に最初の革命をもたらしたのは、やはりフィッシャー〔Fischer, 1985〕であった。彼女は、米国における現象学の聖地であるデュケイン大学に半世紀近く在職していた経歴があり、哲学に明るい、人間性心理学に根差した臨床心理学者である。

　協働的アセスメントと命名されたその方法のキーワードは、「協働的（collaborative）」、「一人ひとりに即して個別化された（individualized）」、「プロセスのアセスメント（assessment of process）」、「生活世界へのオリエンテーション（life-world orientation）」などであろうか。大きな特徴は、クライエント－査定者間の協働的コンテクストの構築を大前提として、個々のクライエントに合わせて個別化されると同時に、クライエントが生きている具体的な日常生活に焦点が合わされた、変化の可能性や成長といった動的プロセスのアセスメントが指向されていることである。

　彼女の画期的な論文「協同評価者としての被検者」〔Fischer, 2017〕が発表されたのは、1970年のことである。心理検査の解釈をクライエントと査定者が協働して行うという、当時としては斬新な内容であった。そして、協働的アセスメントの集大成として、1985年に『心理アセスメントを一人ひとりに即して個別化する』〔Fischer, 1985〕が発表されている。このなかで圧巻なのは、アセスメントの際の逐語録と、クライエントに手渡される解釈レポートの例文が大量に掲載されていることである。アセスメントのプロセス自体がセラピーとして機能していることが手に取るように分かるし、クライエントに向けて語りかけるように一人称で書かれたレポートが人間的な温かみにあふれていることが感動的ですらある。クライエントの語りのみならず、査定者の語り（文字テクスト）

にも着目しており、彼女に対する評価は今後ますます高まること
であろう。

　フィッシャーは、協働的アセスメントはセラピーではなく、あ
くまでアセスメントであると述べている。このフィッシャーに多
大な影響を受けて、心理アセスメントをセラピーの域にまで拡張
したのが、治療的アセスメントのフィンである。

　フィンの『MMPIで学ぶ心理査定フィードバック面接マニュ
アル』〔Finn, 1996/2007〕が発表されたのは、1996年のことであっ
た。画期的なのは、アセスメントの一連のプロセスが半構造化さ
れていて、全体がブリーフセラピーとして機能するように構成さ
れていることである。彼の独創は、クライエントと協働して問題
を定義し、アセスメントのゴールを定めるために、心理アセスメ
ントによって自分自身について知りたいことをクライエントに問
うことからスタートすることにある。協働的に立てられたクライ
エントの問い（どうして自分は○○なのだろう？）に対して、査定者は
標準化された心理検査の結果から答えを考えるわけであるが、そ
れについて語り合うセッションが治療的アセスメントの山場とな
る。このセッションにおける対話は、もはやセラピーである。

　治療的アセスメントはその後も進化していき、2007年には『治
療的アセスメントの理論と技法』〔Finn, 2007/2014〕が発表された。
理論的にも技法的にもさらに充実し、治療的アセスメントの完成
型がここに全貌をあらわにした。クライエントの問いに答えて対
話を継続するセッションでのことであるが、フィンはこの著書の
なかで、査定者はクライエントに対して解釈の完成型を示すので
はなく、クライエントが新しい物語を生み出すための産婆役に徹
することが重要であると明言している。彼は、治療的アセスメン

序　章 ❖ 心理アセスメントにおける物語的転回

27

トの理論モデルとしてナラトロジー（物語論）を使用しているわけではないのだが、今後、治療的アセスメントをナラティヴの視点から読み解く論考が本人の手によって書かれることを期待してやまない。

また、新たな手続きとして「アセスメント介入セッション」が加えられたのも、最新の治療的アセスメントの特徴である。これは、アセスメントによって焦点化された問題を、実際に心理検査を媒介にして誘発し、それをクライエントが再体験してみるセッションである。以前よりも戦略的な介入技法としての性格を強めた感があり、この点についてはポストモダンのセラピーやアセスメントからやや遊離してしまったのかもしれない。しかし、彼と直接対面した時の人柄もそうであったが、ワークショップの映像に見るフィンとクライエントの交流は感動的でさえあり、見る者の涙を誘うほどの温かみにあふれている。よい意味での言行不一致が、彼なのかもしれない。

では、日本に目を転じてみよう。1999年に、中村・中村の「ロールシャッハ・フィードバック・セッション（Rorschach Feedback Session: RFBS）の方法と効用」〔中村・中村, 1999〕が発表されている。このロールシャッハ・フィードバック・セッションは、もっぱらロールシャッハ・テストの結果が使用されるのだが、クライエントとの対話が中心に据えられ、一定の形式によって構造化されたセッションである。フィッシャーの協働的アセスメントやフィンの治療的アセスメントとは独立して考案されたものであり、今後さらなる発展が期待されるところである。

もう一人、忘れてはならない人物がいる。それは村瀬孝雄である。彼は、物語的転回を準備したパイオニアとして再評価されね

ばならない。1968年の「カウンセリングと投影法」〔村瀬, 2007〕では、伝統的な心理アセスメントとは異なる新たな方法論がヒューマニスティックな視点から洗い直されている。すでに「協働者」という言葉も使用されており、協働的コンテクストの重要性を認識していたことが注目される。また、1970年の「被検者が自己解釈を行った一事例」〔村瀬, 2007〕では、ロールシャッハ・テストの反応解釈をクライエントが行っている。厳密に言えば、ロールシャッハ反応の質疑から連想が広がっていき、それが語りとして展開していく事例の紹介である。心理アセスメントを超えた対話的セラピーを思わせるところがあり、当時としては型破りなアセスメントとして理解されたに違いない。繰り返すが、村瀬は再評価されるべきである。

　日本には芸術療法の伝統があり、描画などの表現療法もアセスメントとの境界線上に位置づけられるのかもしれない。例えば、心理検査として用いられるバウムテストがセラピーの媒体として、つまり表現療法として活用される場合がある。協働的なコンテクストのなかで1本の木が描かれ、そこからクライエントのナラティヴが展開していくのであれば、それは治療的なアセスメントになるはずである。しかし、描画やクライエントのナラティヴをあくまで心理学的診断のためのデータとして使用するにとどまるのであれば、それは伝統的な心理アセスメントの域を超えていないことになるであろう。岸本〔2011〕の『臨床バウム』は、バウムテストの物語的転回を生起させる潜勢力にあふれており、注目に値する書である。また本書の第3章は、バウムテストとブリーフセラピーを合体させた先駆的な試みであり、多くの臨床家に一読を勧めたい内容になっている。

序　章 ❖ 心理アセスメントにおける物語的転回

物語的転回のマイルストーンとなる研究者たちは、発掘すれば
さらに見つかるであろう。ここでは最も重要な人物のみ取り上げ、
必要最小限の紹介とした。

モノローグからダイアローグへ、 エビデンスに基づく実践から実践に基づく エビデンスへ

　筆者の世代もそうであるが、筆者よりも年齢的に上の臨床家た
ちは、まず見立てありきが自明の世代であったと思う。かつては、
テスト結果の解釈が巧みなモノローグの人、つまりクライエント
とともに語り合うのではなく、クライエント不在のまま、クライ
エントに「ついて」雄弁に語ることのできる者が一目置かれたの
である。残念だが、これではドストエフスキーがどこかで「心理
学者」と揶揄した存在そのものではなかろうか。自戒の念を込め
て呟こう。事例検討会など同業者たちの面前でクライエントにつ
いて語る言葉は、その人がいまここにいたとしても口にできるの
であろうか。それとも、不在だからこそ口にできるのであろうか。
クライエントについてまことしやかに語ることができるからとい
って、それがいったい何になるというのか。
　本論の主張は、セラピーの世界のみならず、心理アセスメント
の世界にもすでに物語的転回は起こっているのだというものであ
る。しかし、問題は、一人ひとりの臨床実践に物語的転回は起こ
っているのかということに尽きる。公認心理師の時代に突入し、
おそらく、これからますますエビデンスや医学モデルが幅を利か

せるようになるであろう。だが、ナラティヴは、エビデンスのたんなる補完ではない。はたして、心理アセスメントの「エビデンスに基づく実践」ではなく、個別的なナラティヴ的アセスメントの「実践に基づくエビデンス」の構築はなるのであろうか。

　本論に続く各章は、物語的転回をすでに完了した者たちによる啓蒙ではない。伝統的な情報収集型アセスメントの教育を受けながら、ポストモダンのダイアローグのアセスメントへ越え出ようとする、いま現在の奮闘を描いたものである。本書でわれわれにできるのは、ナラティヴ的実践に基づいてエビデンスを構築しようとする姿を、ありのままに示すことだけである。

❖文献

Anderson, H. (1997). *Conversation, language, and possibilities: A postmodern approach to therapy.* Basic books.（野村直樹・青木義子・吉川悟（訳）（2001）．会話・言語・そして可能性―コラボレイティヴとは？　セラピーとは？―金剛出版.）

Angus, L. E., & McLeod, J. (Eds.). (2004). *The handbook of narrative and psychotherapy : Practice, theory, and research.* Sage.

Bakhtin, M. M. (1963). *Problems of Dostoevsky's poetics.* Khudozhestvennaja literature.（望月哲男・鈴木淳一（訳）（1995）．ドストエフスキーの詩学.ちくま学芸文庫.

Cassirer, E. (1910). *Substanzbegriff und Funktionsbegriff: Untersuchungen über die Grundfragen der Erkenntniskritik.* Verlag von Bruno Cassirer.（山本義隆（訳）（1979）．実体概念と関数概念―認識批判の基本的諸問題の研究―．みすず書房.）

Cooper, M. & McLeod, J. (2011). *Pluralistic counselling and psychotherapy.* Sage.（末武康弘・清水幹夫（監訳）（2015）．心理臨床への多元的アプローチ―効果的なセラピーの目標・課題・方法―．岩崎学術出版社.）

Ferry, L. & Renaut, A. (1989). *La pensée 68: Essai sur l'anti-humanisme contemporain.* Gallimard. （小野潮（訳）（1998）．68年の思想―現代の反－人間主義への批判―．法政大学出版局.）

Finn, S. E. (1996). *Manual for using the MMPI-2 as a therapeutic intervention.* University of Minnesota press. （田澤安弘・酒木保（訳）（2007）．MMPIで学ぶ心理査定フィードバック面接マニュアル．金剛出版.）

Finn, S. E. (2007) *In our clients' shoes: Theory and techniques of Therapeutic Assessment.* Lawrence Erlbaum. （野田昌道・中村紀子（訳）（2014）．治療的アセスメントの理論と実践―クライアントの靴を履いて―．金剛出版.）

Fischer, C. T. (1985). *Individualizing psychological assessment.* Brooks / Cole.

Fischer, C. T. (2017) *On the way to collaborative psychological assessment: The selected works of constance T. Fischer.* Routledge.

Gergen, K. J., Hoffman, L. & Anderson, H. (1996). Is diagnosis a disaster? A constructionist trialogue. In Kaslow, F. W. (Eds.). *Handbook of relational diagnosis and dysfunctional family patterns.* Wiley, pp.102-125.

H. アンダーソン・H. グーリシャン（著）、野村直樹（編訳著）（2013）．協働するナラティヴ―グーリシャンとアンダーソンによる論文「言語システムとしてのヒューマンシステム」―．遠見書房.

Heidegger, M. (1947). Über den Humanismus. Vittorio Kostermann. （渡邊二郎（訳）（1997）．「ヒューマニズム」について―パリのジャン・ボーフレに宛てた書簡―．ちくま学芸文庫.）

木田元（2014）．マッハとニーチェ―世紀転換期思想史―．講談社学術文庫.

岸本寛史（編）（2011）．臨床バウム―治療的媒体としてのバウムテスト―．誠信書房.

Kvale, S. (Eds.). (1992). *Psychology and postmodernism.* Sage. （永井務（監訳）（2001）．心理学とポストモダニズム―社会構成主義とナラティヴ・セラピーの研究―．こうち書房.）

McNamee, S. & Gergen, K. J. (Eds.). (1992). *Therapy as social construction.* Sage. （野口裕二・野村直樹（訳）（1997）．ナラティヴ・セラピー―社会構成主義の実践―．金剛出版.）

村田純一（1995）．知覚と生活世界―知の現象学的理論―．東京大学出版会.

村瀬孝雄（2007）．自己の臨床心理学1　臨床心理学の原点―心理療法とアセスメントを考える―［オンデマンド版］．誠信書房.

中村紀子・中村伸一（1999）．ロールシャッハ・フィードバック・セッション（Rorschach Feedback Session：RFBS）の方法と効用．精神療法，25，31-38.

野家啓一（2007）．［増補］科学の解釈学．ちくま学芸文庫.

岡本裕一朗（2015）．フランス現代思想史―構造主義からデリダ以後へ―．中公新書．

Rorty, R. M. (1979). *Philosophy and the mirror of nature*. Princeton University press. （野家啓一（監訳）（1993）．哲学と自然の鏡．産業図書．）

Schafer, R. (1992). *Retelling a life: Narration and dialogue in psychoanalysis*. Basic books.

Seikkula, J. & Arnkil, T. E. (2006). *Dialogical meetings in social networks*. Karnac books.（髙木俊介・岡田愛(訳)(2016)．オープンダイアローグ．日本評論社．）

Spence, D. P. (1982). *Narrative truth and historical truth: Meaning and interpretation in psychoanalysis*. Norton.

White, M. & Epston, D. (1990). *Narrative means to therapeutic ends*. Norton.（小森康永（訳）（1992）．物語としての家族．金剛出版．）

Whitehead, A. N. (1929). *Process and reality: An essay in cosmology*. Macmillan.（山本誠作（訳）（1979）．過程と実在．松籟社．）

やまだようこ（2006）．質的心理学とナラティヴ研究の基礎概念―ナラティヴ・ターンと物語的自己―．心理学評論，49(3)，436-463．

第 **1** 章

協働的／治療的アセスメントと
ナラティヴ・セラピー

橋本忠行

はじめに

──初心の査定者としての私の物語──

　心理アセスメントを実施しその結果を真に臨床的なやり方で話し合うことは、クライエントがこれまで抱えてきた物語を共有し、さらにそこから新たな物語を紡ぎ始める機会となる。そしてその時、はじめて心理アセスメントは単なる評価から自由になれる。本章では協働的／治療的アセスメント（Collaborative/Therapeutic Assessment）とナラティヴ・セラピーの関係を論じながら、このことについて考えてみたい。

　グリーンハルとコラード〔Greenhalgh & Collard, 2003/2004〕は、ヘルスケアにおいて物語へ焦点を当てることが有益な4つの状況として「『他者性』を探索するための物語」「想像を喚起する物語」「専門的実践における批判的な自己洞察のための物語」「研究の道具としての物語」〔p.20〕を挙げているが、その3番目として読んでほしい。私が九州大学大学院教育学研究科の大学院生として、心理アセスメントの訓練を受け始めた頃の物語である。

　当時、単科の精神科病院で毎週水曜日、主に統合失調症と双極性障害の方に心理検査を実施し、その報告書を書くというアルバイトをしていた。病棟や外来に患者さんを迎えに行き、心理室でロールシャッハ、MMPI、描画法、個別式知能検査（WAIS-R）などのテストバッテリーを組み、1週間後には薬局へ心理検査報告書を提出するという流れであった。私は患者さん達と会うのが好きだった。その病院での心理検査が急性期を脱してから、つまり症状がある程度落ち着き疎通性が回復してから実施されることも

あったが、例えば病棟と心理室のあいだを歩きながら「冬は廊下が冷えますね」「さっきデイルームでプロ野球のニュースが流れてましたね」と他愛のない話をして、人と人としての関係を感じられる瞬間にほっとしていた。心理療法にはマニュアルがないが、心理検査には標準的な施行法が必ず示されていた。さらには採点やコーディングで迷った時に参照できる、豊富な具体例が掲載されたWAIS-Rやロールシャッハのガイドブックが用意されていることもよかった。

　しかしながら幾ばくかの後ろめたさを感じたのが、心理検査報告書を書く段階である。ついさっきまで仲良く話をしていた患者さんに対し、報告書向けの文体で何かを記述しようとすると、自分が患者さんの欠点を列挙する意地悪な人間に転じたように感じられた。例えば当時一般的であった心理検査のテキストや事例研究では、クライエントのパーソナリティを記述する際に「自己中心性の反映」「未熟な人格を示す」「対人関係における協調性の欠如」といった用語が使われていたが、それをそのまま用いるのは気が引けた。なぜなら病棟と心理室のあいだを横並びで歩いていた時の患者さんとの関係が、評価する側と評価される側という上下の関係へと変質してしまうように感じられたからである。それは、私にとって悲しいことであった。また素朴に「この言葉をはたして自分は直接患者さんに対して言えるのだろうか？」「この心理検査報告書を患者さんが読んだとしたら、どのように受け取られるだろうか？　裏切られたような、悲しい思いをさせてしまわないだろうか？」と考えたりもしていた。ちなみに当時は「患者に対する十分な説明と同意」が1997年の医療法改正で努力義務規定として明文化される前であり、心理検査報告書をクライエ

第1章 ❖ 協働的／治療的アセスメントとナラティヴ・セラピー

37

ントに渡すことも少なく、もっぱら専門家間の情報共有や診断の補助資料として使われていた時代であった。

クライエントと査定者の関係性

　これらは初心の査定者であった私個人の物語であり、クライエントと「横の関係」なのか「縦の関係」なのかという問いはあまりにも単純に聞こえるかもしれない。しかしながら心理アセスメントと同時に人間性心理学を学んでいた筆者にとっては、折り合いをつけなくてはならない問題の一つであった。よく知られるように、人間性心理学の先駆者であるロジャーズは1940年にミネソタ大学で「心理療法の新しい諸概念」という講演を行い、そこで悩める人を初めて「クライエント」と呼び、自身の「クライエント中心療法」を提唱した。1940年といえば、同大学の心理学者であるハザウェイと精神科医のマッキンリーによって、現在最も使用されている質問紙法の一つであるMMPIの初版が公刊された年でもある。ロジャーズ〔Rogers, 1942/2005〕はそこで心理療法は優劣の上下を持った教師－生徒の関係とは異なり、医者－患者関係についても「医者の側は専門的な診断と権威ある助言を行い、患者の側は従順に従い依存するという特徴をもっている」〔p.79〕と指摘した。そしてさらに、河合〔1969〕の要約によると「来談者の内的な枠組み（internal frame of reference）からの認知構造が問題となる時に、テストによる外的な枠組みによる接近法は、無意味であるばかりか、有害とさえなるものと主張するのである」〔p.8〕。

ロジャーズ〔Rogers, 1942/2005〕は「この分野〔筆者註──対人支援の分野〕で活躍している人びとがいずれの言葉も普通に使用していけるように」〔p.10〕という意志をもって「心理療法」と「カウンセリング」という二つの言葉を区別せずに用いているが、それによるとカウンセリング関係は以下のように説明される。

　　カウンセリング関係とは、カウンセラーの側における受容的な温かさと、強制や個人的圧力を与えないことが、相談者の感情や態度や問題の最大限の表現を可能にするような関係である。その関係は十分に設定され構造化されたものであり、とくにクライエントには時間や依存、攻撃的行動に制限が設けられ、またカウンセラーは自分に責任と愛情の制限を設ける。〔Rogers, 1942/2005; p.104〕

　ここに述べられているのは「受容的な温かさ」「強制や個人的圧力を与えないこと」といった、クライエントの自主的な考え方や内的な照合枠、いわば「クライエントのナラティヴ」を尊重する関係のあり方であろう。しかしながら心理検査結果を解釈しようとすると、「自己中心性の反映」「未熟な人格を示す」といった用語に縛られた「評価のナラティヴ」になる。要するに私は、査定者として精神科病院の患者さん達に会っている時の関係性の持ち方と、その後に書かなくてはならない心理検査報告書における言葉の冷たさや評価の姿勢との間で、自分自身の気持ちに折り合いをつけられずにいた。そしてそうなってしまうのは、自らの査定者としての能力と資質に何か問題があるからかもしれない、とも考えていた。

第 1 章 ❖ 協働的／治療的アセスメントとナラティヴ・セラピー

心理検査の導入時に
クライエントが体験すること

　視点をクライエントの側に移すと、そもそもクライエントにと
って心理アセスメントを受けることはどのような体験となるのだ
ろうか。そのことについて考えるために、心理検査がどのような
文脈で導入されるか、一例として取り上げたい。文献には「患
者は種々の不安や恐れをもって検査にやってくる」〔澤田, 1989;
p.18〕、「主治医が自分のことをおかしいかどうか調べるために検
査をすることにしたのではないか」〔髙橋, 2014; p.158〕さらには「青
少年であれば，親が査定の結果を，家族の中で自分ただ一人が厄
介者であることの証拠として使うことを懸念しているのかもしれ
ない」〔Finn, 1996/2007; p.31〕といった記述がなされている。これ
らは、主治医、家族、そして査定者との関係やクライエントの過
去の傷つきがアセスメントの文脈にも反映されることを意味して
いる。またこの文脈に査定者が飲み込まれると、査定者も罪悪感
で身動きがとれなくなり、かえって頑なに「客観的にあなたの今
の状態を知るための検査です」といった、確かに検査そのものの
説明としては正しいのかもしれないけれど、クライエントが抱え
るそれぞれに異なった不安をまったく扱っていないという事態が
生じる怖れさえあるのではないだろうか。

　したがって、この文脈は再検討される必要があると筆者は考え
る。実は先ほどの引用には続きがあり、髙橋〔2014; p.158〕は「自
己理解を深めたいという積極的な動機が明らかになったりするこ
ともある」、そしてフィン〔Finn, 1996/2007, p.31〕は「もちろん私には、

両親はそんなことをしないと保証することなどできない。しかしながら、私はこの少年に対して、彼の問題を理解しようとする時には家族全体を視野に入れると、〔中略〕断言するかもしれない。それから、両親に結果を伝える時には彼にも関与してほしいことを明確にしながら、その前に、査定の結果を彼と私が一緒に話し合うことも提案するかもしれない」と述べるなど、具体的な対応が示されている。つまり、自己理解と支援のためのアセスメントであるという目的を査定者が強調することにより、クライエントが抱く「評価される」という文脈を修正し、そのことへの不安を緩和するのである。

　筆者の事例として、整形外科から紹介されたある慢性疼痛のクライエントに「私は身体が痛いのに、どうして心理検査を受けなくてはならないのですか？」と尋ねられたことがある。考えてみるとクライエントの不満はもっともで、実際に身体のある部位が痛むからこそ長年通院して薬物療法を受けていたのに、心理検査というこころの内面をのぞき込むような方法を提案され戸惑いを感じたのであろう。この状況にあるのは、身体的な痛みを取り除きたい、それは自分にとって違和でしかないという「こころとは切り離された、感覚としての痛み」のナラティヴである。そこでどのような対応を取るべきか迷ったのであるが、以下のような説明を試みた。〈神野さん〔仮名〕のように今の暮らしがいつまで続くかわからないという大変なストレスの中で暮らしていると、人の身体は次に生じることへの備えのために敏感になり、物理的には小さな刺激であっても神経はその信号を増幅させて捉え、結果として痛みが強くなっている可能性があります。そういったこころと身体の関係や、ストレスの受け止め方を理解し、今後の支援

をよりお役に立てるものにするために、一緒に心理検査を用いて理解を深めたいのです。ご協力いただけますか？〉〔査定者の発言は〈〉で、クライエントの発言は「」で示す〕。と。主治医が「ストレスも関係していますからね」と紹介の際に添えた言葉に、心理学的な説明を少し加えたわけである。このことは同時に、身体的な痛みへクライエントの意識が集中することで見えにくくなっていた心理社会的なストレスや家族の問題を改めて取り上げ、心身相関つまり「こころの痛みと身体の痛みには関係があるかもしれない」というナラティヴへと変化させるという筆者の意図も含んでいた。クライエントである神野さんは「それならわかります。私にも、私の家族にもいろいろありますから」と述べ、その後の心理アセスメントには積極的に関わっていった。

　国際疼痛学会〔International Association for the Study of Pain, 1979〕は痛みを「実際に何らかの組織損傷が起こった時、あるいは組織損傷が起こりそうな時、あるいはそのような損傷の際に表現されるような、不快な感覚体験および情動体験」と定義したが、このクライエントには身体的な「感覚体験」としての痛みが意識の中心にあったので、「私は身体が痛いのに、どうして？」という心理検査導入時における不満が生じた。その時に「ストレス」「家族」といった言葉を媒介にして、心理的な「情動体験」つまりクライエントが長年抱えてきた重荷へと目を向けるきっかけが必要だったのであろう。そしてその重荷について、査定者が単に評価したり表面的なねぎらいを与えるのではなく、心理検査を通して一緒に理解を深めていくという関係性が明確になるまで、神野さんは先に進めなかったのであろう。

協働的／治療的アセスメントでは、クライエントの主観を積極的に組み込んでいく

　このようなクライエントと査定者の関係性について、心理ア
セスメントの世界にパラダイムシフトをもたらしたのがフィッ
シャー〔Fischer, 1985/1994〕の個別化アセスメント（Individualized
Assessment）と、フィン〔Finn, 2007/2014〕の治療的アセスメント
（therapeutic assessment）である。フィンとタンセイガーは、論文「治
療的アセスメントはいかにしてヒューマニスティックなものにな
ったのか」〔Finn & Tonsager, 2002〕で、「クライエントに敬意を払う。
クライエントと査定者の間の力の不均衡を減らす。テスト結果を
客観的な意味で『真実』だといって押しつけずにクライエントと
話し合う」「テスト結果はクライエント自身が修正し、受け入れ、
拒否することのできる一つの見解として提示したほうがよい」と
いう実践が、治療的アセスメントの黎明期からなされたことを示
している。またフィッシャーの論文「協働的な評価者としての被
検査者」〔Fischer, 1970〕では、心理検査を受けるクライエントは自
分自身の体験を査定者とともに協働的な方法で構成することので
きる存在（Man as co-constitutor of his experience）であるとされており、
①〔筆者注──クライエントと査定者が心理検査の状況でお互いに影響を与え
合うことも含め〕相互に熟慮する関係（Coadvisement）、②〔筆者注──
クライエントの体験を最適化するために心理検査の結果について対話し、その〕
印象を共有する（Sharing impression）、③わかりやすい言葉で書く
（Writing everyday language）、④クライエントが書かれた評価を読んで
批評する（Client's critique of the written evaluation）、⑤〔筆者注──誰が読

第1章 ❖ 協働的／治療的アセスメントとナラティヴ・セラピー

み、どんな内容が伝えられるかということも含め〕心理検査報告書を受け取る専門家へクライエントの意思を反映させる（Client's designation of report receivers）という５つの観点が示されている。

　まとめると、クライエントの主観を心理アセスメントの実践に積極的に組み込んでいこうという理念を通して、伝統的（情報収集的）アセスメントから協働的／治療的アセスメントへのパラダイムシフトが生じたと言えよう。そして岸本〔2015〕によるグリーンハルとコラード〔Greenhalgh & Collard, 2003 / 2004〕の要約を引用し、ナラティヴを「ひとつの問題や経験が複数の物語り（説明）を生み出すことを認め、『唯一の真実の出来事』という概念は役にたたないことを認める」〔p.16〕アプローチであると特徴づけるならば、このパラダイムシフトも、情報収集的なアセスメントがあまりにも得られたデータを客観的な事実として取り扱いすぎてきたことへの同時代的な均衡として理解できるかもしれない。補足すると、私はさまざまな個別式知能検査やパーソナリティ検査から得られた情報そのものに価値がないと言っているのではない。むしろフィッシャー〔Fischer, 1985 / 1994〕が得られたデータを写真の「スナップショット」に喩えたように、ある特定の検査という方法を使って切り出されたクライエントの一面を照らし出している、という意味ではその価値を強く信じている。しかしながらその情報の意味づけをする際に、クライエントの主観的な体験を扱う方法がこれまで乏しかったのではないか、だからこそクライエントから日常的な言葉で投げかけられた「アセスメントの問い（Assessment Questions）」に基づき心理アセスメントのプロセスを構成する、フィン〔Finn, 2007 / 2014〕の「治療的アセスメント（Therapeutic Assessment）」の半構造化された手続きが生まれ、広く

受け入れられるようになったのではないかと考えるのである。

協働的／治療的アセスメントと
ナラティヴ・セラピー

　このようにクライエントの主観を軸に考えた時、協働的／治療的アセスメントとナラティヴ・セラピーには相似があることに気づく。例えば先に述べた「アセスメントの問い」は、治療的アセスメントの手続き〔Finn, 2007/2014〕ではステップ1にあたるが、具体的にはクライエントが心理アセスメントから明らかにしたい問いを、査定者と話し合いながら箇条書きにしていく。例えば「自傷行為を止めて、自分を大切にしなければならないのは分かっている。でもどうすればそれができるのだろうか？」「過去の失敗を繰り返し思い出すのには何か理由があるのだろうか？　就職活動でもパニックになってしまった」といったものである。

　そしてこれらは「抑うつはどの程度だろうか？」「パーソナリティ障害だろうか？」「薬物療法を含め医療機関を紹介した方が良いだろうか？」といった、症状の重篤さや診断、そして他機関との連携に関心を持つ専門家のナラティヴとは異なっている。治療的アセスメントでは紹介元となる「専門家からの問い（Referral Question）」も大切にされるので、その手続きの中では専門家への回答もなされるが、それらはあくまでもクライエントからの問いと並列にという扱いである。例えば専門家が抑うつの程度のみを知りたいのであれば、症状評価尺度のBDI-IIを実施すれば簡便であろう。しかし、もしそのクライエントに「長女が勤務中に亡

くなった日の朝に限って、『運転、気をつけて』と声をかけられなかったのはどうしてだろう？　今でも本当に悔やんでいて、次女や長男に迷惑がかかるとわかっていても気持ちが抑えられない。どのようにこの後悔を受けとめていけばよいのだろうか？」という問いがあったとしたらどうだろうか。単なる抑うつの重症度評価では十分でなく、クライエントの後悔と複雑性悲嘆のプロセスに丁寧に耳を傾けるようなアセスメントが欠かせない。

　このような事例では、悲嘆の研究を基に開発された「意味づけにおける同化と調節尺度」〔堀田・杉江, 2013〕を私は用いるようにしている。なぜなら同尺度には「私はその経験の持つ意味を何とかして理解しようとしていた」「自分の物事の見方や考え方を見直す必要があると感じていた」といった、表面的妥当性が高く、クライエントの心情に寄り添った項目が含まれているからである。「その経験が持つ意味を理解するのに時間はかからないだろうと感じた」という項目も、逆転項目と解釈すれば「その経験が持つ意味を理解するのに時間がかかる」という意味を持つ（実際、悲嘆を抱えたクライエントの多くがこの項目に「当てはまらない」と回答する）。重要なのは、クライエントが日々の生活で感じる苦痛を、できるだけクライエントの語りを活かしながら理解するプロセスであろう。

　そのためにも治療的アセスメントでは、クライエントから得られた「アセスメントの問い」がステップ1だけではなく、ステップ3「アセスメント介入セッション」、ステップ4「まとめと話し合いのセッション」、ステップ5「文書によるフィードバック」で繰り返し、一貫して検討される。アセスメントの問いを、査定者に出会うまでにクライエントが抱えてきた物語の「見出し」と

して用いるのである。クライエントの主観と語りを重視する姿勢
は、「まとめと話し合いのセッション」というステップの名称に
も反映されている。フィン〔Finn, 2007/2014〕は以下のように述べ
ている。

> クライエントとアセスメント結果について話し合い、その結果につ
> いて認められるか、認められないか、それとも修正したほうがいい
> のかをはっきり尋ね、それらに当てはまる現実生活の具体例を挙
> げてほしいと求めることで、クライエントが物語を変化させるのを
> 最もうまく援助することができたのである。〔Finn, 2007/2014; p.35〕

　ここでは伝統的なアセスメントで用いられてきた「フィードバッ
ク・セッション」という用語が暗に含む、心理検査の結果を査
定者が一方向的に伝えるという関係性よりも、その場での対話を
より重視する「まとめと話し合いのセッション」という用語の方
が治療的アセスメントの本質を表すと考え、さらにクライエント
がこれまで抱えてきた「曖昧、不正確で、自分を大切にしていな
いようなものが多い」〔Finn, 2007/2014; p.35〕物語の変化が意図
されている。この意図は「"ナラティヴ"という視点をとることで、
クライエントたちは共通して『"自己物語"を変えざるを得ない
"転機・節目"にある』ととらえることができる」という森岡〔2012〕
の指摘とも直接的に重なるであろう。
　筆者はここに、ナラティヴと協働的／治療的アセスメントの接
点を論じる意義があると考える。つまり、心理アセスメントの体
験はこれまでの自分についての物語を変える転機をもたらす、と
いうことがより明確になるのである。またその際に、心理検査の

結果をクライエントの特徴を切り出した切片としての単なる変数ではなく、それらをあるつながりを持つものとして意味づけようとする時にクライエントの苦悩と生活が反映され、それら（心理検査の結果）を媒介とした話し合いはいっそう価値を持つ。そのつながりというのは、例えば解離の症状評価尺度であるDES-IIの得点とロールシャッハの感情に関する指標を組み合わせて理解することかもしれないし、さらにそこにクライエントが過去のトラウマの記憶を結びつけることかもしれない。ユングが心の布置（constellation）の比喩として用いたように、夜空の星は一つひとつ独立しており地球からの距離も離れているが、見る人がそこに線を結びつけることで意味を持った星座が浮かび上がる。この「線を結びつける」作業が心理検査についての知識をもった査定者と、現実を生きるクライエントとの対話を通してなされることで、真に臨床的かつ協働的な心理アセスメントが可能になるのではないだろうか。

「文章によるフィードバック」と
「治療的手紙」

そしてその対話の内容が、治療的アセスメントの手続き〔Finn, 2007/2014〕では「文章によるフィードバック」に盛りこまれる。先に挙げた、長女を事故で亡くした複雑性悲嘆のクライエントへの手紙の一部を提示したい。アセスメントの問いの2番目について記述した箇所である。

問2：本当は無理してそうしているのに、笑えている自分に罪悪感と怒りを感じる時がある。この気持ちをどのように扱えばよいのだろうか？

　この気持ちの揺れ動きについて、心理アセスメントを通して繰り返し話し合ってきました。「はい／いいえ」で答えていただいたMMPIという質問紙では、強い"怒り"の感情が示唆されました。この結果を基に三田さん〔仮名〕の怒りの由来がどこにあるか一緒に考えていくと、不公平感と関係しているのではないか？　というところに至りましたね。辛い気持ちと共に話してくださったように「何で私の娘なの？」「何で私から娘を奪ってしまうの？」「何で他の誰かじゃだめだったの？」と。そして時に、三田さん自身も怒りのターゲットになり得るんだと思います。「何で私は笑えているのだろう？」と。

　こういった強い気持ちがまた普段は目に見えにくい、覆われたところにあることもMMPIでは示されていました。「次女の卒業式というお祝いの場でさえも、辛い気持ちと楽しい気持ちが闘っているんです」と教えてくださいましたが、その二つの気持ちは振り子時計のようなものだと思います。そして三田さんの感情もまた、三田さんが仰るように揺れ動いている。

　あわせてロールシャッハ（インクで描かれたカードを見ていただく検査）で教えてくださったのは、三田さんがこういった感情に触れたくない、あるいは感情を表現するのが苦手であると強く感じていることでした。回避は辛い感情に対処するよい方法だと私は思っていますが、しかしながらそれが唯一の方法となってしまったら、いろ

第1章 ❖ 協働的／治療的アセスメントとナラティヴ・セラピー

49

んなことが起こる複雑な毎日の生活を乗り切っていくのが難しくなってしまいます。

　心理アセスメントの途中〔筆者注——アセスメント介入セッション〕で練習したことですが、色彩を直接使って、試しにいくつかの答えをつくってみましたよね。三田さんは戸惑いながらも「パーティの食べ物、サラダ、ピザ、天ぷら……」などを挙げてくれました。美味しい食事は人と人をつなぎ、時に寂しさを癒します。また興味深いことでもあるのですが、風景構成法に描かれた「人」は川で水を汲んでいました。川は感情の流れを意味すると考えられています。

　大切な人の喪失と悲嘆のセラピーでは様々な感情が生じます。悲しさ、罪悪感、後悔、空しさ、そして強い怒りさえも。そういった感情を汲み取って理解していくことが、振り子の揺れを穏やかなものへと次第に変化させていくと思います。

　この手紙で筆者が心がけたのは、クライエントとの「気持ちの扱い方」に関する対話のプロセスを、それが消えてしまわないうちに記録することであった。そしてその際に「MMPIでは第4尺度にのみ上昇が認められ（Tスコア=68）、社会的規範からの逸脱傾向や強い怒りがあるものと思われる」といった三人称の婉曲的推定表現を用いるのではなく、査定者である私とクライエントである三田さんが協働して心理検査結果についての理解を深めていったことがわかるような文体で記述し、そこでの「語り」の言葉（例えば「何で私の娘なの？」「辛い気持ちと楽しい気持ちが闘っているんです」）を丁寧に引用することでもあった。それらは「文章によるフィードバック」を自ずから物語の様式に近づける試みでもあり、

「笑えている自分に罪悪感と怒りを感じ」さらに自分を責めるという文脈から動けなくなっていたクライエントが、アセスメント介入セッションでこれまでとは異なった方法で感情との関わり方を体験し、複雑性悲嘆のセラピーの目標である「故人に対する感情が肯定的であれ，否定的であれ，あるがままに体験しても大丈夫で，やがては揺れる感情も落ち着きどころを見出す」〔Worden, 2008/2011; p.166〕という展開を、新たな脚本として査定者と共編するに至った。

　論を「文章によるフィードバック（Feedback letter）」とナラティヴの関係に戻すと、そもそも治療的アセスメントでは「報告書（report）」ではなく「手紙（letter）」という単語が当てられていることに気づく。もちろん協働的／治療的アセスメントを実施した場合であっても、他機関／公的機関向けのより客観的な文体を用いた心理アセスメント報告書を書くことができる。しかしながら、少なくともクライエント向けにはよりパーソナルな関係性を表す手紙の方が好ましいのだろう。そしてナラティヴ・セラピーにおいても、よく知られているようにさまざまな「治療的手紙（Therapeutic Letter）」〔White & Epston, 1990/2017; White, 1995/2010〕が活用される。そこでは、それまでクライエントの人生を支配するような（多くの場合、否定的な）影響力を持ったドミナント・ストーリーから脱し、「治療の望ましい結果が、以前は顧みられることのなかった生きられた経験の生き生きとした側面を取り込むオルタナティヴ・ストーリーの創生であり、これらのストーリーが代わりの知を取り入れる限りにおいて、これらの知の遂行のための空間の同定と準備が治療的努力の中心課題である、と主張され得る」〔White & Epston, 1990/2017; p.42〕。つまり、治療的アセスメントに

第 1 章 ✦ 協働的／治療的アセスメントとナラティヴ・セラピー

51

おけるそういった努力の記録が「文書によるフィードバック」であると言えよう。

　またその際に、治療的アセスメントの最初のステップでまとめられた「アセスメントの問い」が文字通り手紙の「見出し」として用いられるのは、とても理にかなっていると筆者は考える。なぜならそれは、それまでクライエントを悩ませてきたドミナント・ストーリーの「見出し」としても捉えられるからであり、先に三田さんへの手紙で示したように、その問いへの答えを査定者と探求したプロセスの記録そのものが、オルタナティヴ・ストーリーを分厚くする〔Morgan, 2000 / 2003〕ことにつながるからである。

「アセスメント介入セッション」と ナラティヴの書き直し

　ここまで本章では、心理アセスメントにおけるクライエントの主観の価値を再認識させる具体的な仕組みとして、治療的アセスメント〔Finn, 2007 / 2014〕の「アセスメントの問い」、「まとめと話し合いのセッション」、そして「文書によるフィードバック」とナラティヴ・セラピーの関連を論じてきた。ここからは「物語の書き直し」をより明確に意図した「アセスメント介入セッション」においてナラティヴ・セラピーをどのように援用できるか、筆者が心理検査のPFスタディ〔Rosenzweig, 1945〕を用いて試みている新しい技法〔橋本, 2015; p.171〕も含め考えたい。

　フィン〔Finn, 2007〕によると、「アセスメント介入セッション」は「クライアントの問題についての作業仮説を確かめ、クライア

ントと共に新たな理解を得る機会」〔p.184〕であり、「現実世界で
の問題をアセスメントのセッティングのなかで起こさせ、その場
で解決を模索し」〔p.124〕、「自分自身や世界に関する物語について、
アセスメントの最後に査定者に修正されるのではなく、クライア
ントが自分で『書き直す』」〔p.124〕セッションである。具体的な
介入としては、Rey-Oの複雑図形やWechsler式知能検査の「数唱」
課題など神経心理学的アセスメントから、例えばカップルの事例
ではコンセンサス・ロールシャッハまで幅広く用いられる。なか
でもTATや成人の愛着に関するAAP（The Adult Attachment Projective
System）〔George & West, 2012〕、さらに恥のアセスメントであるTCTS
（Thurston Cradock Test of Shame）〔Thurston & Cradock, 2009〕といった物
語作成形式の投映法は、図版を見ながら「今何が起こっている
か——この前はどうだったか——そしてこれからどうなるのか」
という現在－過去－未来の時間軸に沿って語るという施行法そ
のものがナラティヴ・アプローチであろう。そしてその場での
解決や新たな選択肢を生み出していくためのアセスメント介入
として、心理検査を柔軟に用いたいくつかの「もしも（IF）」が
話し合われる。

　例えば筆者の事例であるが、「ある課題をこなすことができず、
少年が人前でうつむいている」という恥の場面が描かれたTCTS
のcard No.2を用いて、上司との関係に悩み抑うつ的になってい
た新入社員の藤川さん〔仮名〕とのアセスメント介入セッションを
行ったことがある。その場面で最初に作成されたのは「しょんぼ
りして、寂しそうに下を見ている。ここに立っている人は怒って
いるように見えますし。自分だけができなくて恥ずかしいし、『ま
た注意される』と怖くなって、この後その場を離れると思います」

第1章 ❖ 協働的／治療的アセスメントとナラティヴ・セラピー

という萎縮した物語であった。しかしながら同時に「でも、ここで心配そうに見ている左側の女の子は何だろう？」とも言い、査定者が〈何で心配そうに見ている？〉と問うと、藤川さんは「だってこの女の子は、うつむいている少年が小学校ではちゃんとやれていたことを知っているから」と新たな捉え方を述べる。そこで査定者が〈もしもこの心配そうに見ている女の子が少年に声をかけるとしたら、どんな言葉になると思いますか？〉と介入すると、藤川さんは「『今はわからないだけだよ』と声をかけるかな？そしてうつむいていた少年は『間違えているのは自分だけではない』と気づくと思います」と、それまでとは異なった結末に至る。

　改めて述べる必要もないかもしれないが、このTCTSという心理アセスメントにより引き出された展開は、新入社員であるクライエントの体験をより深く理解する手助けとなった。TATを含め物語作成形式の投映法では、図版に描かれた複数の人物に対し、クライエントがこころの中に抱えた複雑な葛藤が仕分けされ別個に重ねられることがあるが、ここでは「しょんぼりして、寂しそう」な感情が少年に投映されるばかりでなく、「心配そうに見ている」つまりケアをしようと注意を払っている女の子がいることも明らかになった。この二人の立場は、藤川さんがTCTSの標準的な施行法通りに物語を紡ぎながら、自然に浮かび上がってきたものである。そこで上司の批判を文字通り受けとめ自責的であった藤川さんに、すでに自分を大切にしようとする気持ちが萌芽しつつあることに査定者が気づき、新たに〈もしも〉とオルタナティヴ・ストーリーを考える介入を行うことで、自分の価値を再発見し、恥を癒すという心理療法の目標を定めることができた。それは、藤川さんの抑うつを低減させるために欠かせない方向であった。

PFスタディによる
アセスメント介入セッションの試み
──ナラティヴ・セラピーの援用──

　筆者が試みているPFスタディによるアセスメント介入セッションも、オルタナティヴ・ストーリーを求め物語の「書き直し」を模索するという点では、先に事例を通して述べたTCTSによるそれと変わりない。しかしながらPFスタディはTAT、AAP、TCTSなど物語作成形式の投映法に比べ、提示される場面が漫画形式でより構造化され、かつコーディングの仕組みも明確であるという特徴をもっている。したがって、アセスメント介入についてもより構造化できるのではないかと考え、以下の手続きを試みている。

---

1. 正規の標準化された実施法で、クライエントにPFスタディを実施する
2. マニュアル通りにコーディングと記録票の作成を行う
3. アセスメント介入を行う場面を決定する。以下の順に検討し、3場面程度選択する。なお反応の質的な内容も考慮し、<u>クライエントが抱えている問題やアセスメントの問いと関連しそうな場面を取り上げる（Ⓐ）</u>
    3.1　GCR評定がマイナス（－）、あるいは1/2の場面
    3.2　±1標準偏差を超えたコードが評定された場面
    3.3　短すぎる反応（「何で？」「嫌だな」「別に」など）
    3.4　評定不能で、Uとコードされた場面

第1章 ❖ 協働的／治療的アセスメントとナラティヴ・セラピー

4. 3で見られた偏り（3.1-3.4）がクライエントの問題や生活とどのように結びつく可能性があるか、簡単に説明する

5. 3で決定された3つ程度の場面について、クライエントに「最初とは違った、また別のオプションとしての答え」をPFスタディ検査用紙の反応欄の空いた場所、あるいは余白に書いてもらう。その際に、例えば3.1「GCR評定がマイナス（－）、あるいは1/2の場面」であれば、以下のように書き直しの方向性をガイドする

　　介入の例：「『相手に対して怒る』ことが一般的な場面で、謝ってしまっている。普段とは違ったやり方かもしれませんが、相手に対して強気に出たり、反論する方向でまた新しい別の答えを書いてみてください」

6. 「最初とは違った、また別のオプションとしての答え」（Ⓑ）が適応的な反応であれば、クライエントにそう伝え支持する。もし最初に書かれた反応と同じようなパターンであれば再度書き直しの方向性をガイドし、新たな答えをもう一度考えてもらう。あるいは、別の場面に進み再度書き直しを試みる

7. 3場面程度で書き直しができたら、「最初の答え」と「新たな答え」の違いについてクライエントと話し合う

8. 査定者がPFスタディ上でフラストレーションの原因となっている左側の人、クライエントが右側の人になり、書き直された全ての場面でロールプレイを行う。その際に査定者はPFスタディの刺激文を、クライエントは「最初とは違った、また別のオプションとしての答え」をそのまま読み上げる。比較のために「最初の答え」を読み上げてもよい

9. ロールプレイを含め、全体的な感想について話し合う

クライエントがPFスタディの記入に要する時間や査定者のコーディングへの習熟度にもよるが、この1から9のステップに要する時間はおおよそ60分から70分程度である。また筆者は1回のセッションで全て実施しているが、例えばステップ1から3を1回目のセッションに、ステップ4から9までを2回目のセッションに分けて実施することも可能であろう。ナラティヴ・セラピーとの関連では、下線部Ⓐ「クライエントが抱えている問題やアセスメントの問いと関連し」かつPFスタディの反応として偏りの見られる場面をドミナント・ストーリーとして、そして下線部Ⓑ「最初とは違った、また別のオプションとしての答え」をオルタナティヴ・ストーリーとして捉えている。このように単純ではあるが構造化することで「未だにここが治療的アセスメントのなかで最も身につけるのが難しい部分となっている」〔Finn, 2007/2014; p.41〕アセスメント介入セッションをより身近に、かつ日本のクライエントが日頃から親しんでいる漫画という形式を用いたPFスタディを通して、短時間で実施できるのではないかと筆者は考えている。

　次に、このPFスタディによるアセスメント介入セッションを用いた事例を紹介したい。

事例

二つの文化と言語を生きる、子どもと家族のナラティヴ
―― 白い紙粘土と緑の油粘土 ――

事例の概要

　さくら〔仮名〕は7才（小学校2年生）の女児で、中国語と日本語のバイリンガルとして育っていた。ある文房具店で紙粘土を万引きすることがあり、心配した母親から筆者が嘱託で勤務する施設に心理相談の申し込みがあった。

　経緯であるが、万引きが明らかになる4ヵ月前、小学校のクラスの男子2名を強く蹴って学級担任から電話がかかってきたことがあった。母親が詳しく話を聞くと、以前よりさくらはその男子2名から背中を押されるという嫌がらせをされていた。さくらは「先に謝ってくれたら蹴らなかった」と話し、その時は担任により仲直りの場が持たれたのであるが、その後もその男子2名によるちょっかいは続いていたらしい。母親は「いつも我慢している子だった」と振り返る。その時期のある日、文房具店へ父親と出かけた際にはじめて折り紙を万引きする。父親はまったく気づかず、店側に発覚することもなかった。

　それからしばらくして再び父親と同店に出かけた際に、今度は298円の白い紙粘土をコートのポケットに入れた。さくらがその紙粘土を父親のもとに持ってきたところ、「粘土なら家に何箱もたくさんあるでしょ？　それで遊んだら？」と棚に戻すように言われたが、そのまま店外へと持ち出してしまった。しかしながら父親が「家に何箱もたくさんある」と話していたのは白い紙粘土

58

ではなく、中国で一般的な緑の油粘土のことであった。閉店後の棚卸しで数が合わないことに店舗職員が気づき、監視カメラに写ったさくらのバッグから校区内の小学生であることがわかった。後述するが、さくらは家庭内で自分の気持ちや意向を中国語で伝えることが難しくなりつつあり、十分に意思疎通が図れない親子関係を心配した学級担任の勧めで来談となった。

　母親は第二次世界大戦後の残留孤児の孫として出生し、当時一人っ子政策であった中国の沿岸部で育つが、高校1年生の時に祖母のいた関東地方へ移住した。苦労しながら日本語を覚え、大学卒業後は通訳として日本と中国を行き来していた。そんな中で現在の夫に出会い、結婚することになった。ほどなくしてさくらが生まれると、教育と医療の環境を考え日本での子育てを決める。父親は日本語に不自由（聞くことはほぼ大丈夫であるが、話すのが苦手）で、電器関係の資格を得て派遣社員として勤務している。母親は電子部品関連の会社で、生産ライン管理の仕事を勤めている。中国の北東部で出生した父親、そして母親も中国の実家との関係は薄らいでおり、今後も日本で暮らす可能性が高いとのことであった。中国への仕送りもなく、両親の収入を合わせると経済的には安定していた。

　さくらの発達にもふれておきたい。これまで身体的な発育に問題はなく、家庭内では中国語、外では日本語という環境で育つ。おとなしくて手がかからない子どもだったそうである。1才6ヵ月検診、3才児検診ともに指摘を受けることはなかった。3才から4才の約1年半、母親の故郷である中国の沿岸部に在住する。その後帰国し、5才より地域の幼稚園に入園。日本語学習に関する特別なクラスの機会もあり、バイリンガルとなる。小学校入

学後のテストは95点や98点がほとんどであるが、母親はさらに「100点を目指しなさい」と教育熱心で「躾、特に学習面では手を挙げて厳しくすることもあったんです」と語った。

「アセスメントの問い」を立てる

面接室の長ソファーに、さくらを挟んで両親が座った。さくらはほとんど話さず、話したとしても消え入るような小さな声であった。母親が日本語で筆者に経緯を説明し、家族3人で意思疎通をする際には主に中国語が使われた。父親の語学力を考え、家庭内では中国語で会話しているとのことであった。母親は時に「さくら、きちんと言いなさい。その時のことを覚えているの？　覚えていないの？」と詰問口調で、父親は困惑した表情を浮かべていた。

母親の「アセスメントの問い」は、「さくらがこれから成長するにつれて、いろんなことを教えてくれなくなったら困る。だんだんいろんな気持ちがたまっていくことが心配。どのように関わればよいのだろうか？」とまとめられた。一方父親は「まだ年齢的には小さいけれど、気持ちを隠している。説明してくれれば紙粘土を買ってあげたのに……。さくらは小さい頃から我慢してきた。良いことと悪いことの分別ができないまま大きくなると心配です」と語った。これは母親が父親の中国語を通訳してくれた内容で、筆者は父親の中にある繊細さと優しさを感じ、その内容が母親の口を通して語られることの意味を考えていた。

両親にはこのまま面接室で待つように伝え、さくらと筆者は筆記しやすい高さのテーブルが置かれた隣室に移動した。

標準化された検査の実施

　まず筆者からさくらに〈これからいくつか心理検査を一緒にやっていくけど、何か知りたいことや気にかかっていることはないかい？〉と尋ねたところ、さくらは黙って首を横に振るのみであった。そこで筆者は〈そっかあ。何か力になれたらと思うんだ〉と呟きながら、PFスタディ（児童用（小・中学）第Ⅲ版）の表紙に書かれた教示を読み上げ実施しようとした。しかしながらさくらは、表紙ページの例題を読んでしばらく考え込み、鉛筆を握りしめたまま固まってしまった。さくらは、自分が万引きをしたから心理相談に連れてこられたことを知っている。だからこの検査がどう使われるのか、そしてどう答えることが期待されているのかわからず、怖くなったのだろう。そこで〈正解がある学校のテストとは違うんだよ。良いところとか、苦手なところとか、その子らしさを知るために使われるものだから自由に思いついたことを書いたらいいよ〉と改めて穏やかに教示すると、すぐに「だってしょうがないもん。絵が下手なのは」と丁寧な字で記入した。

　その後の各場面でもたくさんの文字がきれいに記入されており、「話す」よりも「書く」方が、さくらの表現方法として向いていることがわかった。S-HTP描画法も合わせて実施した。

①PFスタディ（児童用（小・中学）第Ⅲ版）

　GCR（Group Conformity Ratio; 集団一致度）が40％と－1.5SDほど低く、特に場面4、場面6、場面9などeとなる場面で一致していない。相手に対して要求したり、甘えたり、頼ったりすることが苦手である。その代わりに我慢したり、あるいは「どうして？」と戸惑うことが多い（全24場面中「どうして？」から始まる反応が6場面）。

プロフィール欄からは、妥協と我慢の機制を大変強くもっていること（M=6でほぼ+3SD、M-A=38%）、自分の気持ちとしては明確なものがあるが（E-D=58%）、それをどのような対処につなげていいかわかりにくいこと（N-P=27%）、相手を責める気持ちは少ないこと（E-A=31%）が特徴である。I=4は平均の範囲で、反省の気持ちも認められる。反応転移が少なく、一貫した自分のパターンを持っていると思われる。

② S-HTP 描画法

　家→木→人の順番で描いた。家の窓が小さく、外から見えにくくなっている。一方ドアは中心に大きく描かれているので、対人交流について嫌な印象はないのかもしれない。木の樹幹が小さく、思考と身体感覚のアンバランスさが感じられる。人は最初もう少し大きく背伸びしたように描かれていたが、いったん消して家の窓くらいの高さに描き直した（消しゴムの跡が残っている）。ポニーテールの髪型をしており、さくらと同じである。〈同じ髪型だね〉と筆者が話しかけると「家でよく描いてる。学校での縄跳びでは、二重跳びができた」「公園で散歩をしようとしている絵」と教えてくれた。

　家、木、人の各アイテムは画用紙の上半分に浮いたように描かれ、地平線が真っ直ぐに引かれている。どこかで不安を感じており、それを安定させたい気持ちがあるのだろうか？　と筆者は考えていた。

S-HTP描画法

PFスタディによるアセスメント介入セッション

　さくらには両親が待つ長ソファーの面接室で休憩してもらい、20分程かけて筆者はPFスタディのコーディングと集計を行い、アセスメント介入セッションの計画を考えた。すでに「アセスメントの問い」で母親が「だんだんいろんな気持ちがたまっていくことが心配」、父親が「気持ちを隠している。〔中略〕小さい頃から我慢してきた」と気にかけているように、PFスタディの結果はさくらが妥協と我慢の機制を大変強くもっており、相手に頼るべき場面で頼れないことを示している。そこでGCRがe（Extrapersistive; 他責固執反応）となるべきところで不一致であった場面4、場面6、場面9を具体的に取り上げることにした。
　筆者も面接室に戻り、まず親子同席で上記の結果について簡単

な説明を行った。すると母親は「ずっと我慢させていたんだね……」と声のトーンを落とし、何かに気づいたようであった。そこでさくらに〈ところで家ではどんな風に気持ちを伝えているんだい？〉と尋ねると、さくらは「普段から考える時は日本語で、お父さんと話す時には中国語に翻訳する」というプロセスを経ていることが明らかになった。これは母親にとって驚きで、かつ通訳としての経験も踏まえ「だったら疲れるね、言いたいことが伝わりにくいと。これからは家でも日本語を使うようにします」と自発的に対応を考えてくれた。

　そこでPFスタディの場面4（左側の女性が子どもに壊れた玩具を直せないと言っている場面）を筆者が再度さくらに提示し、〈最初の答えは「わかったよ。がまんするよ」だったけど、もう少し相手に頼るような、また違った答えを考えてみてくれるかな？〉と介入したところ「何とかしてよ。なおしてよ」とすぐに新たな答えを追記した。続いて場面6（年上の二人から一緒には遊ばないと意地悪されている場面）でも同じように介入したところ、最初の「どうしてだよ」に「いっしょにあそぼうよ」を追記し、場面9（ゲームに負けて商品を全部取られそうな場面）では最初の「えっ、どうして。はじめはそんなことなんかいってないよ」に「ぼくが買ったんだよ。あげられないよ」を加えることができた。我慢や戸惑いが語られたドミナント・ストーリーから、相手を頼ったり、関わりを持とうとしたり、自己主張が含まれたオルタナティヴ・ストーリーへの変化を示している。

　この変化をクライエントが日々の暮らしに汎化させることができるように、PFスタディを用いたアセスメント介入セッションでは「最初とは違った、また別のオプションとしての答え」に基づく

ロールプレイを手続きの後半に組み込んでいる。具体的には、査定者が各場面左側のフラストレーションの原因となっている人の台詞を、クライエントが右側でフラストレーションを体験している人へ新たに書き加えた台詞を、そのまま各役になった体で読み上げていくだけであるが、さくらは両親の前で明瞭な大きな声で場面6、場面9とそのロールプレイをやり遂げていった。そして場面4では筆者も心を動かされた。さくらが「（壊れた玩具を）何とかしてよ。なおしてよ」と読み上げた瞬間、母親が自然に「わかりました。私も頑張ってみるよ」と声をかけ介入してくれたのである。筆者はPFスタディの検査用紙に、母親の反応を嬉しい気持ちで記録した。その時のさくらの表情は明るく、とても安心したように見えた。

　そして父親は「（万引きをした）文房具店でも、もっと小さな頃でもこの子は何か買って欲しくなった時に1回しかその商品を持ってこなかった。『家にあるでしょ？』と言ったら、そのまま我慢して陳列棚に戻して。もし『お父さん、これ欲しいんだけど』と2回か3回言ってくれたら買ってあげたのに」としんみりした表情で記憶を辿った。母親も「繰り返しやりとりすることが大事なんだね……」と父親の言葉をつなげていった。筆者は両親がさくらを理解する際の文脈が、心配から愛情へと変化したように感じていた。

事例の考察

　この事例には、①両親による養育態度、②中国語と日本語という二つの言語を用いる家族内コミュニケーション、そして③中国と日本という異なった文化的背景、などの要因が相互に影響を及ぼしていた。①両親による養育態度については、さくらの我慢しがちな性格や母親のいつも100点を目指す厳しい教育方針、そし

て父親の気弱さが面接と心理アセスメントから浮かび上がってきたが、同時に日本で暮らしていくことを決めた母親と父親には、そうならざるを得ない事情があることも推察できた。そして②中国語と日本語という二つの言語を用いる家族内コミュニケーションの要因は、万引きの直接的なきっかけにもなっていた。つまりさくらのこころの動きを推測すると「『紙粘土が欲しい』ってお父さんに中国語で言っても伝わらなかった。お父さんにとっての粘土は中国にある緑の油粘土で、『それだったら家にたくさんあるよ』って言う通りだけど、私が欲しいのは日本の白い紙粘土なの。お父さんに説明しても伝わりにくいし……だったらバレないように持って帰ってしまおう」という背伸びした動機がはたらいたのではないかと思われる。同じ粘土でもさくらが欲しかった白い紙粘土と両親にとっての緑の油粘土は異なっており、そういった③異なった文化的背景について、家庭内でも自明のこととして捉えるのではなく、丁寧に理解の溝を埋めていく必要がある。

　さくらが「普段から考える時は日本語」と述べた時に母親が驚いたように、さくらは両親が想像する以上に日本での教育に適応していた。この二つの文化を背景とする家族が、それぞれの文化を大切にしながらも現在の暮らしに馴染めるように、そしてさくらの成長に合わせ家族そのものも成長することによって、お互いが過度の不安とストレスを感じることがないようにと願う。

　その意味で、この事例を筆者に紹介してくれた学級担任の「十分に意思疎通が図れない親子関係」への心配は正鵠を得ていた。筆者からも学級担任に心理アセスメントの結果を説明し、小学校でのフォローアップを依頼した。PFスタディによるアセスメント介入セッションも踏まえ、両親には具体的に①さくらに我慢さ

せるばかりでなく、言葉での行き違いを減らすために何回もやりとりしながら本当の気持ちを理解していく、②父親には負担となるが家庭内でも日本語の比重を増やすよう心がける、③しかしながら中国と日本という二つの文化を生きることは、この家族でしか体験できない豊かさをもたらす、④さくらが好きなキャラクターのメモ帳に伝えたい内容を「書く」などコミュニケーションの方法を工夫する、といった今後への推奨を伝え、筆者との面接は1回のみ、2時間30分で終了した。

フォローアップ

1ヵ月半後、学級担任より筆者に電話があった。母親が対応を変えてくれたことでさくらがとても元気になった、学校での取り組みも積極的になったとのことであった。それからさらに1年後、本章への事例執筆のために筆者から母親へ電話をかけたところ「この街で暮らす外国人も多いですし、何かの役に立てればいいと思います。その節はお世話になりました」と許諾してくれた。さくらは最近習字を始めたそうで、元気に過ごしているとのことであった。筆者は習字が中国から日本に伝来したことをふと思い出し、さくらがこの二つの文化と言語を生きる意味を考えていた。

査定者もクライエントの物語の登場人物となる

協働的／治療的アセスメントとナラティヴ・セラピーの関係を論じようとすると、査定者もクライエントの物語の登場人物となることを改めて認識させられる。さくらの事例において、筆者は

日本人の査定者としてこの家族に関わった。先に述べたように面接室には中国語と日本語が飛び交い、それは筆者にとってユニークな体験であった。そして同時にさくらの家族と話しながら感じていたのは、もし筆者が日本人の査定者として彼らを評価するだけの登場人物となってしまったら、さくらがいったんPFスタディの実施時に固まってしまったように、この心理アセスメントは脅威にもなりうるということであった。

　例えば、母親の厳しい養育態度から万引きが生じたとするような短絡的な言説を査定者が語ったとしたら、あるいは父親が白い紙粘土を知らなかったことについて中国と日本を比較するような態度を査定者がとったとしたら、直ちにこの家族は恥の中に押し込められてしまったであろう。そうではなく、査定者があくまでも二つの文化の間で中立的で居続け、かつ中国で生まれた両親がさくらと共に日本で暮らす決定をしたことをあたたかく受け入れる人物として、クライエントの物語に携わったことが重要であった。つまり、ナラティヴ・セラピーにおいてクライエントが自らの物語を主体的に変容させるのと同様、協働的／治療的アセスメントにおいて査定者も自らの役割を生成された物語に合わせ調整するのである。

おわりに
──今後に向けて──

　本章では、協働的／治療的アセスメントとナラティヴ・セラピーの関係について、事例も含め筆者なりの観点を論じてきた。そ

こで明らかになったのは、この両者の概念と技法の間にはいくつかの重なりが見られ、その重なりを探求することでクライアントと査定者の臨床的な対話が促進され得るということであった。

特に「包括システムによる日本ロールシャッハ学会」「日本ロールシャッハ学会」といった心理アセスメントの専門家コミュニティからの心理療法への接近として協働的／治療的アセスメントへの関心が広まった日本においては、ナラティヴ・セラピーの「オルタナティヴ・ストーリー」や「治療的文書」に関する実践の積み重ねを参照することは有意義であろう。治療的アセスメント〔Finn, 2007/2014〕の手続きでは、「アセスメント介入セッション」や「文書によるフィードバック」に援用しやすいと思われる。私たちの実践を単なる評価に留まらせるのではなく、クライアント一人ひとりの顔を思い浮かべた、個別的な理解に基く心理的支援へとつなげていきたい。

❖文献

Finn, S. E. (1996). *Manual for using the MMPI-2 as a therapeutic intervention*. The regents of the University of Minnesota.（田澤安弘・酒木保（訳）(2007). MMPIで学ぶ心理査定フィードバック面接マニュアル. 金剛出版.）

Finn, S. E. (2007). *In our clients' shoes: Theory and techniques of Therapeutic Assessment*. Lawrence Erlbaum associates.（野田昌道・中村紀子（訳）(2014). 治療的アセスメントの理論と実践―クライアントの靴を履いて―. 金剛出版.）

Finn, S. E. & Tonsager, M. E. (2002). How therapeutic assessment became humanistic. *The Humanistic Psychologist*, 30(1-2), 10-22.

Fischer, C. T. (1970). The testee as co-evaluator. *Journal of Counseling Psychology*, 17(1), 70-76.

Fischer, C. T. (1985 / 1994). *Individualizing psychological assessment*. Lawrence Erlbaum associates.

George, C. & West, M. L. (2012). *The adult attachment projective picture system: Attachment theory and assessment in adults*. Guilford press.

Greenhalgh, T. & Collard, A. (2003). *Narrative based health care: Sharing stories : A multiprofessional workbook*. BMJ books.（斎藤清二（訳）（2004）．保健専門職のためのNBMワークブック―臨床における物語共有学習のために―．金剛出版.）

橋本忠行・佐々木玲仁・島田修（2015）．アセスメントの心理学―こころの理解と支援をつなぐ―．培風館.

堀田亮・杉江征(2013)．重大なライフイベントの意味づけに関する尺度の作成―同化・調節の観点から―．健康心理学研究，26(2)，108-118.

International Association for the Study of Pain. (1979). Pain terms: A list with definitions and notes on usage. Recommended by the IASP subcommittee on taxonomy. *Pain*, 6(3), 249.

河合隼雄（1969）．臨床場面におけるロールシャッハ法．岩崎学術出版社.

岸本寛史（2015）．緩和ケアという物語―正しい説明という暴力―．創元社.

Morgan, A. (2000). *What is narrative therapy?: An easy-to-read introduction*. Dulwich centre publications.（小森康永・上田牧子（訳）（2003）．ナラティヴ・セラピーって何？．金剛出版.）

森岡正芳（2012）．ナラティヴ・セラピー．日本人間性心理学会（編）．人間性心理学ハンドブック．創元社，pp.372-373.

Rogers, C. R. (1942). *Counseling and psychotherapy: Newer concepts in practice*. Houghton Miffin company.（末武康弘・保坂亨・諸富祥彦（訳）（2005）．カウンセリングと心理療法―実践のための新しい概念―．岩崎学術出版社.）

Rosenzweig, S. (1945). The picture-association method and its application in a study of reactions to frustration. *Journal of Personality*, 14(1), 3-23.

澤田丞司（1989）．心理検査の実際．新興医学出版社.

髙橋靖恵（2014）．「臨床のこころ」を学ぶ心理アセスメントの実際―クライエント理解と支援のために―．金子書房.

Thurston, N. S. & Cradock O'Leary, J. (2009). *Thurston cradock test of shame (TCTS)*. Western psychological services.

White, M. & Epston, D. (1990). *Narrative means to therapeutic ends*. W. W. Norton.（小森康永（訳）（2017）．物語としての家族［新訳版］．金剛出版.）

White, M. (1995) *Re-authoring lives: Interviews and essays*. Dulwich centre publications.（小森康永・土岐篤史（訳）（2010）．人生の再著述―マイケル、

ナラティヴ・セラピーを語る―．IFF出版部ヘルスワーク協会．）

Worden, J. W. (2008). *Grief counseling and grief therapy: A handbook for the mental health practitioner, fourth edition.* Springer publishing company.（山本力（監訳）(2011)．悲嘆カウンセリング―臨床実践ハンドブック―．誠信書房．）

〈付記〉　本研究はJSPS科研費16K04368の助成を受けています。

第1章 ❖ 協働的／治療的アセスメントとナラティヴ・セラピー

第 2 章

産業領域における MMPI を活用した
協働的／治療的アセスメント

大矢寿美子

はじめに

　本章では MMPI を活用した産業領域での実践を紹介し、働く人のメンタルヘルス、職場でのメンタルヘルスに対して、協働的／治療的アセスメントがどのように役立ったか、そこにナラティヴの視点がどう重要であったかを論じていく。

　ここで、本章での「産業領域」についてあらかじめ説明をしておきたい。専門家としての心理職が活躍する「産業領域」にもさまざまな職場がある。企業内の診療所や相談室をはじめとして、外部 EAP 機関、公的機関では産業保健推進センターやハローワーク、ジョブカフェなどがある。本章での実践は前述のどれとも異なる、ある医療機関が企画したメンタルヘルスサービスでの経験である。産業領域の心理職はその職務の性質上、本人との面接や介入に留まらず、本人を取り巻く関係者や関係機関との連携や協力が必要になることが多いし、それが特徴とも言える。ただしここでの筆者の活動は、来談者本人への関わりが中心で、関係機関との連携を直接行ったことはほとんどなかった。そういう意味で「産業領域」としての代表的な現場とは異なっている。筆者が担った役割は、外部 EAP 機関が提供するサービスに対応させれば、問題の把握、危機介入、短期の問題解決対応に該当し、とくに組織への介入やコンサルテーションといった側面には関与していないということになる。

　また筆者が対象としていた来談者は、メンタルヘルスサービスを提供していた医療機関の性質上、学校の教職員が大部分を占めていた。したがって、本章では教師のメンタルヘルス、教師とい

う仕事の特性を踏まえた内容になることをお断りしておく。昨今の教師の激務は一般にも知られるところであるし、教師の精神疾患による休職者は年々増えている。筆者が出会ったのは、多くは精神疾患を患う以前の比較的健康度の高い人々であったが、それでもこのメンタルヘルスサービスが10年にわたり続いたのは、働きながら何かしら不調の兆しを感じている人が多いということでもあるだろう。ささやかではあるが、ここでの実践を振り返り、メンタルヘルスに協働的／治療的アセスメントが果たした役割を考察したいと思う。

メンタルヘルス相談の概要

　筆者が実践していたMMPIを活用した協働的／治療的アセスメントの場は、ある地方都市の総合病院であった。約200床の規模のその病院は通常の診療以外に人間ドック事業にも力を入れていた。とくに病院の性質上、学校の教職員と家族がその利用者の多くを占めており、教職員の健康増進という面でも地域の中核的な拠点となっていた。病院独自の企画で人間ドックの受診者を対象に簡単なメンタルヘルスチェックを行い、希望者には個別に相談できるサービスを提供する事業がおよそ10数年前に立ち上がった。その試験的段階から筆者は相談員の一人として関わってきた。

　メンタルヘルスサービスの内容は、希望者にMMPIの受検をしてもらい、そのフィードバック面接を個別に行うというものである。基本的には1回60分の面接で、多くの利用者が1回で終了したが、継続も可能であった。料金は無料であり、対象者は教職

員とその家族であった。このサービスについての広報は人間ドック利用者への案内および病院のホームページで行われていた。多くは人間ドックで受けたストレスチェックで不眠や不安の数値が高いためにこのサービスを勧められて応じたか、自主的に申し込んだ人が多かったが、ホームページを見て人間ドックとは関係なく申し込んだ人もいた。このサービスを実施するにあたり、特定の事務職員が相談員と来談者の日程調整その他のコーディネート全般を担当していた。

　申し込みをした対象者には、まずMMPIを自宅で受検してもらうため、検査用紙とフェイスシートを病院から郵送した。その際、前述の事務職員から実施上の注意（「どちらでもない」の数の制限やフェイスシートへの記入など）を直接伝えた。フェイスシートの内容は、氏名、年齢、性別、学歴、職業、勤続年数、婚姻状況、所要時間であった。対象者は自宅でMMPIを受検した後、検査用紙とフェイスシートを病院に返送し、それを事務職員が相談員である筆者に送付するという手順であった。筆者ら相談員は予約当日までにMMPIの結果を出し、プロフィールを準備して、どのような側面に焦点をあてて対象者と話し合うか検討して面接に臨んだ。筆者が担当した来談者は約10年で100余名を数えた。人間ドックを経由して来談する人が多かったこともあり、40歳以上が約8割を占めていた。

　このメンタルヘルス相談に心理検査を導入したのは、利用者が何度も病院に足を運ぶことができない状況にあることが多いという現実的な状況を考慮したためである。そこで1回の来談でも実りある時間にするために、あらかじめ心理検査を受検してもらい、その結果をフィードバックしながらその人の心理的問題やストレ

スなどについて話し合う面接を行うことになった。また質問紙法であれば自宅での受検が可能であった。ただし、心理検査は原則として検査者の前で受けてもらうものであるし、教示の時点での被検者の行動や検査への動機づけなどを確認するのは、解釈の際にも重要である。ここでのメンタルヘルス相談では、病院側の担当者が仲介役として適切な対応ができる人であったことが、心理検査の自宅での実施を可能にしたことを書き添えておく。

MMPIによる心理アセスメント

ここで筆者が用いている心理検査は、代表的な質問紙であるMMPI（Minnesota Multiphasic Personality Inventory）新日本版〔MMPI新日本版研究会（編), 1993〕である。10種の臨床尺度と受検態度の特徴を把握できる4種の妥当性尺度で基礎尺度が構成されている質問紙で、質問項目は550個である。臨床尺度の項目の構成原理は経験的方法によるもので、ある尺度に対して、それに関係する患者群と非患者群の比較から、両群の回答方向に統計的有意差があった項目を選んで尺度を構成している。こうした項目の構成原理の性質上、特定のパーソナリティ理論を基盤にしていないが、病理的な特徴に加えてパーソナリティの特徴について広く情報を得られる質問紙法として活用されている。

このMMPIを採用している理由はいくつかあるが、以下の点が挙げられる。MMPIは得られる情報量が非常に多い心理検査である。各尺度の多義性もあり、精神疾患を患っている人に限らず、比較的心理的に健康度の高い人にも自分を知る手掛かりとな

る手段となり得る。またその結果を折れ線グラフのプロフィール
で示すことで、視覚的に特徴をつかみやすく、これを本人と一緒
に見て対話をしながら結果の意味を検討し、理解を進めるという
作業がしやすい。このような心理検査のもつ特徴に加えて、筆者
が日常的にMMPIによる心理アセスメントを行っており、フィ
ードバック面接も行っているということもMMPIを採用してい
る理由の一つである。

メンタルヘルス相談の流れ

　具体的な面接の進め方は以下の通りである。MMPIのフィー
ドバック面接の導入については、塩谷・石川〔1999〕の方法を基
盤にした。またフィーバック面接の中でのやりとりはフィン〔Finn,
1996/2007〕を参照した。

---

①面接の準備

　あらかじめ入手したMMPIのプロフィールをもとに、面接の中心
になりそうなポイントを検討しておく。どのような点が話題になる
かは、来談者のフェイスシートの情報と合わせて検討しておくこと
になる。

②導　　入

　来談者と相談員は初対面であるため、挨拶と自己紹介から始め、
面接の時間や目的を確認し、枠組みを説明する。次に心理検査一般
の説明とMMPIについて解説する。この時、MMPIを受検した感想、

これまでの心理検査の経験やイメージを尋ねている。

①MMPIの結果のフィードバック開始

MMPIのプロフィールを提示してその見方を説明する。性格のいろいろな側面を表している尺度である臨床尺度と検査への構えや態度を見る尺度で構成されていることや、Tスコアの考え方などである。また重要な点として、これから提示するのは仮説であり、それが自分に当てはまるかどうか、それについて連想したこと、感じたことなどを積極的に発言してほしいことを伝えた。これはこの面接が一方的に検査結果を言い渡すものでなく、一緒に検討し考えていく「協働作業」だということを理解してもらうためである。そうすることによって、筆者が述べたことを否定したり訂正したりしやすい雰囲気を作ることができる。

MMPIの結果の説明をどこから始めるかは、その結果の内容と、来談者と対面して感じた雰囲気や動機づけの程度等によって異なってくる。受検態度について説明から始めたり、プロフィール全体の上昇から適応状態を最初に話題にしたり、特に高い（あるいは低い）尺度の説明から言及するといった具合である。その後に説明する内容をどういう順番にするかは重要になるが、「治療的な（配慮ある）正直さ」〔竹内, 2009〕は常に意識すべき点である。

尺度の説明や仮説の提示を進めるうえで、来談者の感想や質問がないかをこまめに確認することが重要である。来談者は結果に関する具体的なエピソードを話してくれることもあるし、質問に答えるかたちで次の尺度の説明につなげられることもあった。また来談者の発言によってある尺度の多義的な解釈のどれを選択すればよいかが明らかになる例も多々あった。こうした対話が順調に進むと、来

第2章 ❖ 産業領域におけるMMPIを活用した協働的／治療的アセスメント

談者が自らこのサービスの利用に至る経緯について話し始め、現在の問題の詳細が話されることが多い。そういう話に傾聴しながら、検査結果との関連を意識した明確化を行い、来談者の心理的問題の深刻さや危機的状況の判断を行っていくことになる。

④フィードバックのまとめ

　ここでの面接は多くの場合1回で終わるため、終了に向けての話し合いが重要になる。現在の問題や状況を整理し、今後の見通しや対応を検討する。具体的には検査結果と実際の適応状況の照合、これまでの本人なりの対処とその効果の確認、利用できるソーシャルサポートやその他の資源の確認、今後の変化とその影響の予測、環境調整や医療機関受診の必要性の検討、その他の情報提供などである。これらの内容を話していく時に重要なことは、健康で十分に機能している点や自分の周りの環境の肯定的側面への気づきを促すことである。とくにこのメンタルヘルス相談の利用者は仕事や家事をこなし、適応自体には大きな問題が生じていない場合も多いため、これまでの自身の努力を再評価することが新鮮な気づきとなることが少なくないのである。

⑤面接の終了

　上記のような協働作業の後、最後にこの面接の感想を尋ね、面接の前後での心境の変化などについて話してもらうなどして面接を終了する。大抵は来談者も1回のつもりで臨んでいるため、たとえ問題に対する解決方法や答えが得られなくとも、自分なりにここで話した意味を見出してもらうことが重要だし、そういう人が多いように感じられた。しかし1回の面接では足らず、複数回の面接を希望

80

された方もいた。数ヵ月、時には数年後に来談し、その後の経過を報告した人、新たな問題を相談しに来た人もいた。病院側の理解と支援により、そういった要望にも柔軟に対応することができた。

来談者の特徴

　メンタルヘルス相談の来談者の特徴を挙げると、100名余りの来談者の男女の内訳は6：4で男性の方が多かった。年代別では40代が4割近くで最も多く、次いで50代の約3割であった。このように中年期の来談者が多かったのは、このサービスが人間ドックの受診者に情報提供されていたことが大きいと思われる。実際に人間ドックをきっかけに申し込んだ人は全体の四分の一ほどであった。

　また、中年期の来談者が多いことは、彼らが仕事でも家庭でも責任が大きく、複雑な役割を担わざるを得ず、心身ともに負担を感じやすい時期にあることを示している。そういう時、自身のメンタルヘルスにも関心が高まり、来談につながったと思われる。

　来談者との面接内容からわかることは、教師という仕事柄、多くの人が数年で転勤になる可能性があり、職場環境の変化によるストレスが大きいということである。自分が職場を変わる場合だけではなく、周りの人の転勤によって自分を支えてくれていた同僚や上司がいなくなり、自分を取り巻く人間関係や仕事内容が大きく変化することが生じていた。また年代的に自分自身が管理的な立場となり、これまでとは異なる苦労を感じている人や、重い

第2章 ❖ 産業領域におけるMMPIを活用した協働的／治療的アセスメント

責任へのプレッシャーに悩む人も少なくなかった。

　家庭においても中年期は子どもの自立の問題や親の介護、近親者との死別などのライフイベントが重なる時期でもあり、その渦中にある人が少なくなかった。これらを契機に夫婦や家族関係の見直しを迫られたり、家庭内の葛藤や課題が顕在化したりすることも窺われた。個人の心理的発達過程からいってもこの時期は人生の折り返しであり、これまでの自分の生き方について疑問を感じたり、人生の残り時間を意識したりして、老いや死への不安が生々しく感じられる「危機」でもある。こうした多方面での危機に直面し、混乱の中で支援を求める場として、このメンタルヘルス相談が存在したと言える。

　一方、来談者が筆者のもとを訪れるタイミングとして、「ひと山越えた時期」に「自分がどう危機を乗り越えたか」を報告しに来た印象の面接も何度となく経験した。また数年後に定年退職を控えた時期に来談し、人生の大きな節目を意識して今までの自分とこれからの自分をつなげるような時間を求めてきた人も複数いた。今まさに重なるストレスへの対処に悩み、相談したいと思って来談した人よりも、少し前の自分やこれまでの自分を振り返るために来談した人の面接の方に、より自分の「物語」の生成を必要としそれを語る場としてこのメンタルヘルス相談を利用する動機があったように思われる。

　しかし来談者が「物語ろう」としているわけではない。この場での筆者とのやりとりがどう彼らの物語を引き出し、それを共有する受け皿となったか、事例を紹介しながら検討してみたい。なおここでの事例はいくつかの事例の特徴を合わせたものである。

> 事例

　50代男性のAさんは人間ドックで受検したストレスチェックで不安や不眠など得点の高い項目があり、メンタルヘルス相談を勧められて来談した。職場で管理的な役割を担うAさんは、この面接に関心は寄せつつも、自分のストレスと関連しているかもしれない職務上の事柄を簡単に話すわけにはいかない、という姿勢であった。
　AさんのMMPIのプロフィールは図1に示した。

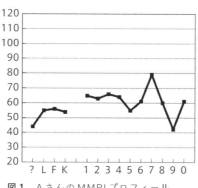

図1　AさんのMMPIプロフィール

心理検査とナラティヴ

　Aさんの面接に先立ち、筆者はMMPIの結果を解釈してどのような内容をどう表現して伝えるかを準備することになる。MMPIの特徴的な結果が示す解釈仮説はあるものの、それらをどう考え併せて、またAさんに合ったものにするかが、この面接の重要な出発点である。つまり、心理検査の解釈はある結果や数値で自動

的にその意味が決まるというものではなく、被検者の背景や主訴などを含めた文脈を加味した個性記述的なものと言える。そこにナラティヴな視点が合致するのであろうし、個性記述的な検査結果を介したやりとりが新しいナラティヴを生むと考えられる。

　岸本〔2008〕はナラティヴという視点で心理検査の解釈や所見を捉え、「個性を大切にする」というナラティヴの視点は心理検査の解釈に必要な要素であるとしている。MMPIであれば各尺度の結果はただ羅列されるのではなく、「意味のある連関によってつなぎ合わされたもの」であり、編集されたものと言える。そして検査所見も「データをつなぐという意味ではナラティヴ」としている。データをどうつなぐか、というところに個性記述的な物語の生成がある。

　MMPIの基礎尺度の解釈は、非常に多義的であり、同じ数値でも他の尺度との関係や被検者の条件によって解釈が異なってくる。このことは他の検査においても同じであり、岸本〔2008〕は「コンテクストや背景を考慮に入れる必要がある」と述べているし、「同じ客観的データがその解釈の表現によってまったく違うインパクトを与えるという事実を認識する必要がある」と述べている。つまり心理検査とこれによるアセスメントは、クライエントや被検者を分類したり定義づけたりするものではなく、個別的に結果とその人を重ねていく作業が主流とならざるを得ないのであろう。

　さらに岸本〔2008〕は、「ナラティヴという語には、語られる内容と語るという行為を両方含む」と述べている。クライエントが何を語るかの他に、協働的アセスメントのもう一人の登場人物である治療者が何を語るか、そして両者が語る場を生み出せるか、

が重要であることが示唆されている。筆者が行っていたMMPI
のフィードバック面接では、来談者とは初対面であり、来談の動
機や相談内容もわからない状態で面接が始まる。そしてここでの
語りは筆者から始まるのである。

　事例のAさんは、面接には来談したものの、自分のことを語る
ことを警戒しており、自分の思いや不調の原因・背景を語るべき
でないという「基盤としてのナラティヴ」〔斎藤・岸本, 2003〕を持
っていた。斎藤らによれば、基盤としてのナラティヴは一般的に
保守的で簡単には変化しにくいとされている。実際、Aさんの「基
盤」そのものは変化していないが、Aさんが筆者との対話の中で
どう自分を語ることを進めていったか、振り返ってみたい。

筆者の語り

　ここでの実践の特徴は、初対面の来談者に対して、まず筆者
がMMPIの結果をもとに考えられる来談者の特徴や状況を語り、
それに加えて率直な印象や感想、来談者への問いを伝えることで
ある。それを聴くことによって来談者は緊張や警戒を少しずつ解
き、筆者が話した内容からの連想や具体的なエピソードや来談し
た動機を話し始めていった。Aさんについても同様であった。

　Aさんに伝えたのは次のような内容であった。日常生活を営み、
仕事をするうえでは大きな支障はなく、ものごとに対処し適応し
ていること、ただし「こうあるべき」とか意識的にしっかりした
自分でいようとしているようにも思えること、日常生活は機能し
ているものの、不安や緊張が強いことが示されており、何かスト
レスフルなことや気がかりなことがあり、それが長期的な問題に
なっている可能性を考えたこと、中程度に上昇している尺度が多

いため、内心では不快感や不全感があり、実は悶々とした日々の
可能性もあること。

　通常、MMPIの結果を伝える時は来談者の質問やコメントが
ないか尋ねながら進めるが、Aさんに対してはある程度まとまっ
たかたちで上記の内容を伝えた。途中で口を挟むことなく表情も
ほとんど変えずにじっと聴いていたAさんは、筆者の話がひと段
落すると腕組みを解くように少しずつ警戒を緩めていった。

Aさんの語り

　筆者の語りを受けてAさんは、日々の仕事に支障はないものの、
早朝に目が覚めるようになったことなどを語り始めた。しかしあ
くまでも慎重な姿勢であり、筆者との対話との中で以下のことが
語られた。第7尺度に示される不安や緊張の存在には納得がいっ
ていること、これに関連して現在は管理的な立場での仕事であり、
以前に比べてサポートが少なく、一人で多くのことを判断しなけ
ればならない重責を毎日感じていること、管理的な立場故に自分
自身で自由に動くことができず、もどかしさや苛立ちを感じてい
ること、などである。そして感情を抑えて言葉を選んで語るAさ
んの様子からは、迂闊に弱音を吐けない立場の孤独と苦悩がにじ
んでいた。そしてAさんは今の状況への自分なりの対処を試みて
いることも自発的に話題にした。それは早朝目が覚めた時に無理
に眠ろうとせず、今までしたことがなかった朝の散歩を始めたこ
とである。そういう時間に自分の考え方を見直すような気づきが
あり、面接ではそれを仕事にも応用すればよいのだという理解が
生じていた。

クライエントの語りを聴いた後のMMPIの解釈

　MMPIのフィードバック面接における来談者との対話は、筆者にとってもMMPIの理解の深化をもたらす有益な時間となることを多く経験した〔大矢, 2011〕。最初は相手の情報がほとんどない状態での解釈のため、骨組みでしかなかった解釈が、肉付けされ生き生きとした人柄や生きざまを示す結果として再構成されるのである。例えばAさんの場合、第7尺度の高さが示す不安や緊張は、管理的立場による緊張感の連続を示していると同時に、Aさん自身の仕事に対する志の高さも示唆していた。Aさんとの面接後、改めてMMPIのプロフィールを見ると、そこには一人の教師の矜持と苦悩が示されているように感じられた。

Aさんとの面接で起きたこと

　この1回の面接の中でAさんと筆者に起きたことを振り返ると、まずAさんは自分の思いや不調の原因・背景を語るべきでないという基盤としてのナラティヴをもっていたが、そのAさんが語る場を得たということができるだろう。筆者が語るMMPIからわかる特徴を聴くことで基盤がいくらか柔軟になり、これまで言うに言えなかった思いを語る体験をしたと思われる。そして語りながら気づきを得て、自ら今後の見通しにつなげる結末に至った。

　また筆者が行ったことは、語ることに警戒心をもつAさんの心境を尊重しつつ、筆者のAさんの物語をMMPIの解釈をもとに伝えること、Aさんの語る決意を受け止め、全身で語るAさんを感じること、Aさんが語りながら気づき変化していく過程に立ち会うことであった。

　年齢的にも立場的にも簡単に自分の心の内を話せないと感じ

ているAさんにとって、自分自身について語る場を得ることは日常のみならず、相談場面でも難しいと思われる。しかし今回、MMPIの結果を共有するという端緒があったからこそ、Aさんは自分のことを語りこれからの自分につなげる作業ができたと考えられる。そういう意味で、MMPIは被検者について多くの情報を得られるだけでなく、協働的／治療的なアセスメントの対話の中で被検者のナラティヴを生成するのに有用な心理検査であることを改めて認識した。このことは多くの事例で経験されていることでもあり、MMPIをはじめとする心理検査を使用した心理アセスメントにおいて、ナラティヴの視点をもっと取り入れるべきだと思われる。

❖文献

Finn, S. E. (1996). *Manual for Using the MMPI-2 as a therapeutic intervention.* University of Minnesota Press.（田澤安弘・酒木保（訳）（2007）．MMPIで学ぶ心理査定フィードバック面接マニュアル．金剛出版．）

岸本寛史（2008）．［日本ロールシャッハ学会第11回］大会講演 投映法とナラティブ．ロールシャッハ法研究，12，51-58.

MMPI新日本版研究会（編）（1993）．新日本版MMPIマニュアル．三京房．

大矢寿美子（2011）．メンタルヘルスサービスにおける治療的なアセスメントの試み―MMPIのフィードバック面接による考察―．金沢工業大学心理科学研究所年報・金沢工業大学臨床心理センター報，7，14-20.

斎藤清二・岸本寛史（2003）．ナラティブ・ベイスト・メディスンの実践．金剛出版．

塩谷亨・石川健介（1999）．MMPIのフィーバックマニュアルの紹介―金沢工業大学の例―．MMPI研究・臨床情報交換誌，8，321-342.

竹内健児（編）（2009）．事例でわかる心理検査の伝え方・活かし方．金剛出版．

第 **3** 章

医療領域における心理アセスメント
バウムテストとSCTを用いて

吉田統子

はじめに

　医療領域においての心理査定は長きにわたって、診断とそれに基づく最適な治療を提供するという医学モデルを踏襲してきた。すなわち、問題の原因が特定されれば、問題は解決できると考える問題解決アプローチに則って、心理検査で問題の要因を発見し、該当する診断基準に照らして最適な一つの介入法を導き出す、正確なアセスメントとアセスメントに基づく介入という方式を用いてきたのである。

　こうした問題解決アプローチでは、援助者が専門知識をもとに介入法を決定する主導的役割に立つため、利用者＝問題を持ち込む人、援助者＝解決する人という誤った幻想を生じさせがちであった。また援助者が問題や病理の分類を重要視し、利用者の希望や経験を十分取り上げない"問題志向"をとることで、利用者は問題解決に対して無力な立場に追いやられ、自身の解決力にも気づけないままであることもしばしばであった。

　しかし、心理援助でかかわる大抵の問題は、医学モデルで解決される疾病とは異なり、唯一の正しい解決策が存在する訳ではない。加えて、利用者が主体的に自身のニーズに合わせて支援を選択できる時代が到来している。そうした事情を背景に、医療領域における心理査定のあり方も、"問題志向"から"解決構築志向"へと転換が迫られつつあると言える。

"解決構築志向"の心理査定

"解決構築志向"は、援助者が解決を一方的に決定するのではなく、利用者と援助者が協働で、満足がいく未来のイメージ＝解決を構築していく方式をとる。心理援助者は解決を実現させるために役立つ長所や資源を探り、解決に向かう過程を明らかにしていき、利用者も援助者との対話のなかで、自身の捉え方も含め、問題についてのさまざまな見方を概観し、有効な解決策を複数探りあてることが可能となっていくのである。

筆者は精神科デイケアで心理査定を行っているが、その対象者はIPS（Individual Placement and Support　個別職業紹介とサポート）モデルでの就労支援を希望してデイケアに通所している人たちである。IPSとは、精神疾患を持つ人たちの自己実現を応援するために提唱されたモデルであり、従来の職業リハビリテーションとは大きく様相を異にしている。すなわち、伝統的な職業リハビリテーションでは症状が安定し、職業準備性が整った段階で初めて就労が可能になると考え、"train-place"（訓練後に就労）方式がとられていたのに対し、IPSモデルでは、症状の重さや準備性に関係なく、希望があれば本人の好みや選択に基づいた職探しが開始され、就労後に必要なスキルを訓練し、仕事に慣れていくための支援も継続されるという"place-train"（就労してから訓練）の方式がとられている〔Becker & Drake, 2003〕。したがってIPSモデルでは、本人の主体性や希望を重んじ、就労という解決が速やかに果たされるよう支援するため、就労までのリハビリテーション期間も短くなる特徴がある。それに合わせてリハビリテーションの中で行われる心理査定も、本人の

希望する将来を実現化していく手助けとなるよう"解決構築志向"
で、短期間で効率良く進められる。具体的には、(1) 本人の希望に
基づいて実施する、(2) 心理査定の結果から、本人の解決を叶える
ために活用できそうだと思われた長所については積極的に提示し、
(3) 解決にたどり着く方法を一緒に検討していくという過程が含ま
れるが、これらには、本人が解決に向かう力を備えていることに
気づき、解決に向かって進めるようエンパワーする意図がある。

ストレングスへの着目

　"解決構築志向"での心理査定の焦点は、欠陥や症状ではなく、
むしろストレングスにある。この視点は、クライエントと支援者
がともに希望を見出し、希望を叶えるリカバリーの過程を具体化
させることに役立つ。支援者はクライエントとの関係の中におい
て、心理査定により明らかになったストレングスを取り上げるこ
とで、クライエントの自信を増強し、夢や目標に向けたリカバリ
ーにつながるようエンパワーできる。
　心理査定においてストレングスはいかに見出されうるか。スト
レングスモデルでは「熱望」「能力」「自信」といった個人の強み
が重要視されるが、バウムテストではどのようなサインに、どの
ようなストレングスが表されるか、コッホ〔Koch, 1957〕を参考に
バウムテストに見るストレングスのサインをまとめたのが表1〔吉
田・中村, 2011〕である。これらのサインが描画に見て取れた場合
には、ご本人とのやり取りですでにあるストレングスとして指摘
していくこととした。

表1　バウムテストに見るストレングスのサイン

指標名	解釈仮説	関連すると思われるストレングス
冠強調	知性の優勢、自己顕示欲、自意識、熱中する能力	活力
右強調	自意識、目立ちたがること、意味への欲求、ファンタジーにおける外向性	外への関心
平衡	標準的な自己感情（自尊心）、調和のとれていること、成熟、バランスのとれた	安定性
右への傾向	適応、ポジティブな印象、生への活力、意欲旺盛	外への関心
✤ふくらみとくびれのある幹	引っ込み思案、こわばり、引っかかって動きが取れなくなった情動、抑圧	円滑なコミュニケーション
✤管状幹	未探求のものに引きつけられる、未発見のものに魅せられる、探求や発見の欲求、現実に対して開かれている、自分の立場を定めない、未確定な、「問題解決を未解決のままにしておく」、方向性を失った、感化されやすい、印象を受けやすい、突飛さ、目標が変わる、衝動性、かっとなる気性	自己決定力、円滑なコミュニケーション、（主体性）、安定性
波形線	健康な生き生きとした感じ、活発さ、適応能力の表現のあり方に活力を与える	活力
曲線	容易に人に接する能力、適応意欲、感じの良い	円滑なコミュニケーション
右上向枝	熱狂、活力、感動する能力	活力
✤左下向枝	深刻に思い悩んだ、自信が持てない、疲れた、諦めた、成行きに任せる、抑うつの、落ち込んだ気分の、抵抗力が弱い	活力
丸い形の枝	対立するものをつなぐ、外交的な、巧みに困難を切り抜ける、堅くならない、適応能力がある、人付き合いの良い、生き生きとした	円滑なコミュニケーション
✤ふくらみとくびれのある枝	引っ込み思案、こわばり、引っかかって動きが取れなくなった情動	円滑なコミュニケーション
調和のある枝	快活さ、落ち着いている、冷静	安定性、活力
✤切断された枝	何かを企てたいという意欲、活力の欲求、自信の欠如、自尊心の欠如、劣等感	主体性、活力

第3章 ✤ 医療領域における心理アセスメント

✤切断された枝	何かを企てたいという意欲、活力の欲求、自信の欠如、自尊心の欠如、劣等感	主体性、活力
✤管状枝（開放形）	未探求のものに引きつけられる、未発見のものに魅せられる、探求や発見の欲求、現実に対して開かれている、自分の立場を定めない、未確定な、「問題解決を未解決のままにしておく」、方向性を失った、感化されやすい、印象を受けやすい、突飛さ、目標が変わる、衝動性、かっとなる気性	自己決定力、円滑なコミュニケーション、（主体性）、安定性
✤平行枝、先へ行くほど太くなる枝	外交、外に向けられた衝動性、活力あふれる衝撃力、野蛮な、思い上がった、衝動性、無理やり成し遂げようとする、不用意に用件を切り出す、苛立ちと激情、衝動的欲求、手が先に出る	円滑なコミュニケーション
雲・ボール型の波形	生き生きとした、活気のある、やわらかい、適応能力がある、社交的	円滑なコミュニケーション、活力
枝先雲球状冠	分化している人、攻撃的に見えない、いたわり深い、配慮の行き届いた、外交手腕にたけた	円滑なコミュニケーション
らせん状冠	活動的、活動的であること、運動の欲求、話し好き、熱狂的な、外観に価値を置く、おしゃべり、人付き合いのよいこと、社交、陽気、ユーモア、感激できる才能、外観に喜びを見出すこと、遊び好きな	活力、円滑なコミュニケーション
✤散在管状枝冠	ころころ変わって定まらないこと、統一されたテーマのない多彩な意思、傾向が決まらないこと、長く続かないこと、混乱状態で、不平と対立、葛藤予備軍、たくさんの異なるものがあるが、一つに決められない	主体性、円滑なコミュニケーション、安定性
✤袋垂れ下がり型冠	自分の意思を持たないようなもの、自分から引き出せない、流れに身を任せる、積極性の欠如、決断の構えの欠如	主体性
✤押しつぶされた冠	従順さ、従順であると感じている、場合によって無理強いされた、強制に曝された、自由でない、独立していない、諦める、妨害された感じ、後退させられたと感じる、阻害された自己顕示欲、阻害されている状態	活力、主体性
葉	外面を観察する才能、活発さ、発言の喜び、外面への感受性、快活な、体験に飢えている、若々しさ、快活な、活発な	活力

✤のついた項目については、出現しない方がストレングスは発揮されやすいと予想された。

心理査定の構造

　心理査定の構造としてはまず、①本人の解決像に向けた希望により開始される。②心理査定の結果から何を知りたいか、何が分かると解決に役立ちそうであるか（アセスメント・クエスチョン）〔Finn, 2007〕を伺う面接を行う。③複数回にわたって心理検査を施行し、バウムテスト実施後、作品を挟んでフィードバックとアセスメント・クエスチョンについての話し合いを行う。④最後に文書によるフィードバックを行い、感想を伺う、という枠組みを設けている。

開始にあたって

　クライエントの解決像は最初から具体的になっているわけではないが、漠然と断片的にはイメージされていたり、今現在の困りごとがましになって、いくらか悩まされないようになりたいといった消極的な解決像は存在している場合も多い。心理査定を基に、解決像を膨らませ、近く実現できる目標（ウェルフォームド・ゴール）を検討し、解決像に近づくことが可能であることを伝えると、納得のうえ心理査定を希望される場合が多い。

アセスメント・クエスチョンの設定

　アセスメント・クエスチョンは、解決像に向けた過程を具体化するのに役立つ情報を得られるよう設定される。アセスメント・クエスチョンを設けるための面接は、解決構築に向けた協働作業の中で行われていると言ってよい。

第3章 ❖ 医療領域における心理アセスメント

心理検査とフィードバック面接のセッション

　実施する心理検査項目は画一的でないが、大抵バウムテストと
SCTは実施することにしている。その理由は、いずれも投影法の心
理検査であり、本人にとって通常意識されにくいレベルの心理情報
を汲み取れるため、解決に役立つ資質も発見できるためである。ま
た、検査特性の違いから、それぞれに実施するメリットが存在して
いる。まず言語を媒介としているSCTでは、本人の見方や思考の枠
組みが、本人の言葉で示されるために、解決への過程を模索する対
話の手がかりが得やすい。言語化されている情報については、半ば
自覚があるものと考えられ、本人にフィードバックした場合でも、
「確かに私のこと」と容易に受け取られる、レベル1の情報を多く収
集できるのである。一方、バウムテストは言わずと知れた描画法で
あるが、可視化された作品より、未だ言語化されていない、あるい
は言語化しにくい心理的側面をうかがい知ることができる。それら
の情報を本人にフィードバックした場合、「普段そんな風に考えた
ことはないけれど、ぴったり来る」レベル2や、不安をあおり受け
入れがたいと感じられるレベル3の情報である可能性があるが、ど
のレベルの情報であるかは、SCTを併せて行うことにより、ある程
度推測可能である。したがって、二つの検査を組み合わせて行うこ
とにより、広範に色々なレベルの情報が収集され、解決過程を進め
る手がかりも豊富に得られると言える。

最後に

　フィードバック後の話し合いでは、解決像に向けた過程が明らかに
なり、その過程を進めていくためのリソースはすでに持てていると認識
され、自信の増した状態になっていることが期待される。

今回IPSモデルの就労支援において、"解決構築志向"に基づく心理査定がいかに実践されうるか、事例をもとに検討していきたい。なお、個人情報保護のため、報告する事例は架空の人物をモデルとしていることをお断りしたい。

事例

概要

Aさん　20代　女性　抑うつ状態

心理査定に入るまでの経緯

　就労支援を希望し、3ヵ月前からデイケアに登録はしていたものの、デイケアには月に2、3回程度、不定期に参加する状況が続いていた。来られた日に話を伺うと、「今日は受診のために何とか起きられたけれど、毎日怠いから寝てばかりいる」と言い、「本当はデイケアにもっと行かなきゃと思ってるけれど、コンビニのバイトにもやっと行っている感じで、時々休んでしまっているからクビになるかもしれない」と話した。

　受診やバイトに行くのも辛い状況の中、デイケアに来られていることを労ったうえで、さらにデイケアに行くことで何が変わるといいと思っているのか訊くと、「仕事が続かないのが、続けられるようになれたら」と答えた。

　仕事を続けていくための手がかりを得るのに、心理査定とフィードバック面接が活用できることを伝えると、「是非受けたい」

と希望したため、査定から何が分かると良いと思っているのか伺うための面接を行うこととした。

予約当日には、定刻前に到着しており、目的を意識すると、怠さに負けずに来られたことを評価し、仕事を続けられるようになりたい気持ちが大変強いようだと伝えると、「そうだと思う。仕事はバイトしか経験が無いけれど、次々クビになってしまい、この先ずっと、どこも勤まらないのではないかと思ってしまう」と話した。彼女の知りたいことは、アセスメント・クエスチョンとして以下の二つにまとめられた。

(1)「私はどうして毎日怠いのだろうか？」

(2)「私に仕事を続けていく力はあるのか？」

支援者からは、これから行う心理検査で、二つのアセスメント・クエスチョンに関する情報を見ていくが、施行後の面接でそれらの情報をフィードバックするので、それらの情報をご自分が希望し、納得のいく状態に向かっていくために、どのように役立てていけるか検討できると良いと思っていることを伝えた。

心理検査の施行と内容

最初に施行したSCTでは、以下の内容が記載されていた（部分的に掲載）。

〈怠さについての記述〉

家では いつも寝ている。

今までは 泥の中にいた。これからも変わらない。

私が心をひかれるのは 平穏と眠り。

〈仕事および能力に関連する記述〉

私のできないことは　ミスしないようにすること。

時々私は　信じられないミスをする。

私の頭脳は　変だ。良いところもあるけれど、絶対どこかが足りない。

仕事は　疲れる。お金は必要だけど、迷惑をかけてまでやる意味が分からない。

〈本人をとりまく人との関係性についての記述〉

私の父は　気分で当たってくるので恐い。機嫌を損ねないよう注意を払う。

もし私の母が　いなければ、生活していけない。父の機嫌取り、料理と母に随分頼っている。

家の人は　私をどう思っているか分からないけれど、お金は出してくれている。私のために無駄遣いをさせている。

私がひそかに　たくらんでいるのは、親を喜ばせること。でも、うまくいった試しがない。

友だち　とはつきあいが悪いので、3年と続かない。

職場では　変わっていると言われる。3ヵ月で嫌われる。

人々　の中に普通に混じれない。浮いた存在。

これらの記述をもとに面接を行った。

〔以下、支援者：T、Aさん：Aとして、発言を記載する。〕

T：それぞれのアセスメント・クエスチョンに関する情報が、希望にどのように役立つだろう。怠さがどうして生じているかが分かると、何が違ってくるだろう。

A：今は怠いと、調子が悪いんだと思って寝るしかないと思っている。仕事の日は這うようにして起きて行っているけれど、ぎりぎりまで横になっている。もし怠さをましにする方法が分かれば、1日中横になるのはやめて、起きようと思うかもしれない。そうすれば、ゆとりをもって支度に取りかかれると思う。

T：職場の人も何か変化に気づくだろうか。

A：気づくかもしれない。きちんと支度できれば、接客にふさわしい恰好で出勤できると思うので、注意されることが減るかもしれない。注意されることが減れば、それだけ、仕事ができないなと思って落ち込むことも減ると思う。

T：怠さに振り回されないで、時間に余裕を持って出勤できそうだし、職場でも注意が減りそう。では仕事を続けられる力について情報があると、何が違ってくるんだろう。

A：今、職場で指示された内容を忘れたり、レジを打ち間違えたりすることが時々あって、周りにも迷惑だし、居づらくなっている。注意していてもミスしてしまうと、この先ちゃんと働くことができるのか不安になる。もし、働き続ける力があると分かれば、その不安がましになるかもしれない。

T：他にもどんなことが違ってくるだろうか。

A：クビにならないで済む。親にもこのまま働けずに世話になり続けなきゃいけないのか気がかりだったので、迷惑をかけないで済む

と思って安心できそうだ。
T：怠さやミスについての対処を工夫できれば、浮いたり迷惑をかけたりせずに、仕事を続けられる可能性が増して、その結果、家族にも負担をかけないでおられそうという安心につながっていきそうに思うんだね。
Aさんは、少し目を潤ませて頷いていた。

2日目にバウムテストを施行した（作品）。十分以上かけて真剣に描きこんでいく。描画後すぐに作品を挟んで、得られた情報をフィードバックしていった。

T：たくさんの葉をつけた大きさのあるバウムを一生懸命描いていた。あなたは毎日怠くて、泥の中にいて、それは変わらないと言うけれども、潜在的にはエネルギーがあるようだ。
A：えー、そうなんですか。自分では分からない。
T：人からどう見られるかにとらわれて、のびのびできないというサインも見られるので、自分の力を信じにくいのかもしれない。
A：それはそうかもしれない。家では父の機嫌がいつ悪くなるか分からない。それまで笑って過ごしていても、急に怒鳴られたりする

ので、のびのびしたことはないし、むしろピリピリしているんじゃ
ないかなぁ。

T：なるほど。バウムからも繊細で感じやすい面が見られるので、
絶えずお父さんの顔色を伺っていて、プレッシャーや恐い気持ちで、
気が張っているのかもしれない。

A：私が怒らせると母にとばっちりが行くので、敏感にはなってい
ると思う。私は病気で進学できなくなったことで父を失望させた。
このまま働けなくて、余計がっかりさせないようにしたい。

T：果実をたわわに実らせているバウムのように、一生懸命、自分
が元気に頑張れること、できることを示すことが大事なテーマのよ
うだ。

A：そう。本当はちゃんと仕事ができるんだって、親に安心させたい。
でも、怠くてうまく果たせないのが辛い。

T：確かに怠さを感じているサインもはっきりとある。今やれるよ
りも、さらにやらなくてはという気負いの強さもあるのではないか。

A：うまく行ってない感じに焦って、あがいていたけれど、そのこ
とでかえって自分が苦しくなっていたかもしれない。

T：この結果をもとに、潜在的にはある力を、自分の力として出し
ていける方法が見つかるとよいかもしれない。

A：そうですね。

　その次のセッションでは、先に寄せられていたアセスメント・
クエスチョンへの回答を文書でお渡しした。内容は以下の通りで
ある。

"怠さ"は、Aさんが絶えず家族の意向を気にかけ、期待される役割を、無理してでも果たそうとすることで生じる、慢性的な疲労で、それは泥の中にいるように、なかなか抜け出せない感覚をもたらしているかもしれない。親の機嫌を損ねないよう常に神経を尖らせるような気の張り方は、誰もがそれ程続けられるものではない。信じられないミスも、そうした緊張のゆるみで生じている可能性がある。実は豊かなエネルギーを秘めているのに、今はできる以上にやれることを示そうと焦ったり、親の思いにばかり気を取られる結果、自分で自分の力を信じることが難しくなってしまっている状態である。今後は、支援を受けながら就労することで、自分のペースで着実にできることを増やしていったり、元気に働き続けることも容易となる。今は"仕事を続けていく力"は不十分でも、これから支援付きの就労の中で身に着けていくことは可能だ。すでに仕事を続ける力が欲しいという気持ちのある時点で、希望のいくらかは実現に近づいている。ひそかなたくらみ（就労して親を喜ばせる）を実現させるチャンス。

　Aさんが障害者枠での就労を選択するのに伴い、家庭でしっかり休養できるよう睡眠指導を行い、具体的な仕事の希望についても伺った。間もなくデイケアには午前からの参加が可能となり、3ヵ月後には希望の事務職に就労を果たした。半年が経過する現在も、職場評価は上々で、元気に勤務継続できている。

最後に

　IPS モデルの就労支援において、"解決構築志向"に基づく心理査定を施行した。SCT より本人の思考の枠組みについて手がかりを得た後、バウムテストに見られたストレングスを面接で取り扱う中で、クライエントの解決像の実現化が大きく進展した。欠陥や症状ではなく、ストレングスに焦点を当てた心理査定は、クライエントが支援者とともに進める解決構築の過程と考えられる。

❖文献

Becker, D. R. & Drake, R. E. (2003). *A working life for people with severe mental illness*. Oxford University Press.（大島巌・松為信雄・伊藤順一郎（監訳）（2004）．精神障害をもつ人たちのワーキングライフ―IPS：チームアプローチに基づく援助付き雇用ガイド―．金剛出版.）

Finn, S. E. (2007) *In our clients' shoes: Theory and techniques of Therapeutic Assessment*. Lawrence Erlbaum.（野田昌道・中村紀子（訳）（2014）．治療的アセスメントの理論と実践―クライエントの靴を履いて―．金剛出版.）

Koch, K. (1957). Der Baumtest. : Der Baumzeichenversuch als psychodiagnostisches Hilfsmittel 3. Auflage. Verlag Hans Huber, Bern.（岸本寛史・中島ナオミ・宮崎忠男（訳）（2010）．バウムテスト［第3版］―心理的見立ての補助手段としてのバウム画研究―．誠信書房.）

吉田統子・中村明博（2011）．精神科デイケアにおけるバウムテストの活用―ストレングスの活用という視点から―．第30回日本心理臨床学会.

第4章

司法領域における
協働的／治療的アセスメント

野田昌道

司法臨床と心理アセスメント

　一口に司法領域と言ってもその幅は広く、司法プロセスの中で行われる心理アセスメントの対象や目的はさまざまである。例えば、犯罪や非行関連では、裁判もしくは少年審判の過程で動機解明や適切な処遇選択に資するために心理アセスメントが行われる。処遇機関においては、処遇計画の立案や処遇効果の評価のために、対象者に関する心理アセスメントは欠かせないものとなっている。離婚や虐待、親権者の指定や変更、面会交流など、主に子どもを巡る紛争においても、裁判所が適切な判断をしたり、解決の支援をしたりする過程で、心理アセスメントが実施される場合がある。訴訟社会と言われるアメリカにおいては、トラウマ関連障害を理由とした損害賠償請求や、自分の有能さを理由に解雇の不当性を訴える場合など、民事訴訟においても心理アセスメント結果が証拠として提出されることも多い。

　このように、司法臨床において心理アセスメントが実施される場面は多様である。しかし、どのような場合にも共通する、司法臨床でのアセスメントが潜在的に有する特徴が一つある。それは権威の問題である。司法臨床においては、その性質上、判断あるいは評価する権威的第三者が必ず存在する。したがって、アセスメントを受ける者は、被評価者という客体としての立場に置かれる。矯正機関や裁判所の職員がアセスメントを実施する場合であれば、特に、査定する者と査定される者という縦の関係が生じやすい。この関係性が、ゆくゆくは対象者の防衛や反発、面従腹背などにつながり、肯定的変化の妨げになったり、客観的評価を難

しくしたりしてしまうこともある。どんなに効果があると言われる処遇であっても、本人の意欲や動機付けが低ければ実効性は乏しい。あるいは、どれほど統計的な裏付けがあると言ったところで、本人が納得できないまま第三者によって導き出された助言や決定であれば、コンプライアンスは低くなる。そればかりか、人によっては、権威者に有無を言わさず決めつけられたと感じ、心理アセスメントが辛い体験になることさえある。

　例えば、非行を犯した自分の子どもについて「専門家」から「発達障害の疑いがある」と告げられたある母親は、その時の体験を振り返って次のように語った。「発達障害だから直らない。人の気持ちがわからない。そういう子の親としてどうしたらいいのかを考えないといけない。そんなふうに言われた。どうせ何をしてもダメだと、見限られた感じがした。また、親として全然わかっていないと責められた気がした。ひどく傷ついた。悪いことをしているのは子どもだし、相手は専門家なので何も言えなかったけれど、あの悔しさ、悲しさは一生忘れられない」。実際に「専門家」からどう告げられたのか、本当のところはわからない。けれども、この母親が傷つきを体験したことは事実である。

　このような傷つきを避け、アセスメント結果を本人や家族、関係者が納得して受け止め、肯定的変化のために役立ててもらうようにするには、十分な配慮と工夫が求められる。司法領域では、特にその必要性が高いと言っていいだろう。協働的／治療的アセスメントは、そのような要請に応える有効な手法である。

第4章 ❖ 司法領域における協働的／治療的アセスメント

司法臨床における
協働的／治療的アセスメントの実際

　協働的／治療的アセスメントにおいては、クライエントを協働査定者として遇することが中核的理念の一つとされており、その姿勢はアセスメントの全過程に一貫して認められる。協働的／治療的アセスメントの代表的モデルである治療的アセスメント〔Finn, 2007/2014〕では、その工夫がアセスメントの六つのステップの中に具体的なかたちで組み込まれている。紙幅の都合上ごく簡単な説明にとどめるが、例えば、ステップ1では、アセスメントのゴールをクライエントと共につくり上げ、それをアセスメント・クエスチョンとして組み立てる。ステップ3では、クライエントの問題をアセスメント場面で再現し、それをクライエントが直接自分の目で見て、調べ、検討できるよう後押しする。そしてステップ4では、アセスメント結果をもとにクライエントと話し合い、クライエントが新たな問題解決の方法を探るのを援助する。

　いずれのステップにおいても、鍵となるのは当事者のナラティヴである。当事者が今まさに困り、悩み、苦しみ、何とかしたいと思っていること、それらに関するナラティヴがアセスメントの枠組みをつくり、方向性を定める。そして、面接や心理テスト、観察、副次的資料などから得られた情報は、当事者の主観的体験を表すナラティヴによって修正、補足、肉付けがなされる。

　このように当事者に協働査定者になってもらい、そのナラティヴを中心に据えるという発想は、中立性、公平性、客観性が求められる司法システムの中では一見馴染みにくい。しかし、まだ数

は少ないものの、司法領域での協働的／治療的アセスメントの有効性を示す報告はいくつかある。例えば、野田〔2006〕は、家裁臨床に協働的アセスメントを適用した結果、当事者が自ら問いを発し、その問いを尊重してもらうという経験が、当事者の主体的問題解決意欲を促進することを見出した。ヒューム〔Hume, 2014〕は刑務所内での治療的アセスメントの実践を踏まえ、理解されたという経験があれば、劣悪な環境の中の受刑者であっても回復意欲を高める可能性があると主張した。フジク〔Chudzik, 2016〕は、治療的アセスメントが査定者や処遇関係者の加害者に対する共感性やコンパッションを高め、ひいてはそれが加害者の成長につながることを指摘した。さらに、エヴァンス〔Evans, 2012〕は、裁判所を舞台に長期間子の監護権を巡る争いを続けていた家族に治療的アセスメントを行い、子の最善の利益が得られた事例を報告している。

　では、司法臨床のアセスメントの中にいかに当事者のナラティヴを組み入れることができるのか。そして、それによってどのような変化が生まれ得るのか。これらについて、以下、事例をもとに検討する。なお、本稿の事例は複数の事例を組み合わせ、元の事例の本質を損なわない程度に修正を加えたものである。

当事者のナラティヴからアセスメント・クエスチョンをつくる

　先に挙げた母親のアセスメント・クエスチョンの一つは、「本当にこの子はダメな子なんでしょうか。高校も辞めさせた方がいいんでしょうか」というものだった。そして、当の本人（A男：高校1年生）のアセスメント・クエスチョンは、「僕は変態なのかな。普通に生活していてはいけないのかな」だった。彼らの語る「ダ

第4章 ❖ 司法領域における協働的／治療的アセスメント

メな子」「変態」などについて尋ねていけば、現在の彼らが抱く世界像や自己像が生き生きと描き出されることになる。これらは、「発達障害なのかどうか」「再非行防止のためにはどのようなことに気を付ければいいのか」などというある種定型的な問いには収まりきらないものである。

　もしもこれらのナラティヴが疎かにされると、アセスメントの目的や方向性がもっぱら査定者側の関心や必要性によって決められ、アセスメント結果はクライエントに一方通行的に伝えられることになりかねない。この場合、アセスメント結果は「絶対の真実」、フィードバックは「専門家によるご託宣」という色彩を帯びてくる。そのため、クライエントがフィードバックの内容に納得しなければ、それはクライエントの抵抗とみなされ、クライエントと査定者の解釈の間には「暗くて深い溝」〔菊池, 1991; p.13〕が生じてしまう。しかし、アセスメントの目的がクライエントの関心に沿うものであれば、クライエントにとってアセスメント結果は自分のものとして受け止めやすくなるだろう。当事者のナラティヴからつくられたアセスメント・クエスチョンは、アセスメント結果を当事者とつなげる接着剤のような役割を果たす。

データと体験のナラティヴを織り合わせる

　フィードバックにおいてただ検査結果の数値を示し、それについて抽象的な説明を加えるだけでは、せっかくのアセスメント・クエスチョンが生きてこない。そこで、テスト結果などの実証的なデータと本人の現実生活における具体的な体験についてのナラティヴを縦糸と横糸のように織り上げていく作業を行う。そうすることによって、乾いた数値は本人にとって意味あるものとなり、

診断や評価の枠組みを超えた「体験に近い（near-experience）理解」〔Evans, 2015; p.11〕に近づくことができる。これは主にステップ4で行われるが、検査結果を取り上げる際にはいつでも心がけておくべきことである。

　A男のロールシャッハ結果には、依存や甘えの欲求（例えば、a:p=1:4、Food=1）と親密さへの不安や緊張（例えば、HVI = Yes、H=1、Afr = .38）という対人関係に関する葛藤が示唆されていた。さらには、対人関係の不器用さ（CDI = Yes）、おそらくそのことと関連がある自己肯定感の低さ（自己中心性指標 = .26）、感情を動かされた場合の現実検討力の低下（マイナス反応の継起、S- = 5）、空想の世界への逃避（Ma:Mp = 0:2）なども示されていた。これらの仮説はそのまま提示されるわけではなく、本人の体験に関するナラティヴ（「仲良くなりたいと思ったら緊張して頭が真っ白になる」「どうしたらいいのかわからなくなった時は、自分の趣味のこととかたくさんしゃべっているかも」など）に沿ってA男と協働して統合し、A男に最もぴったりくるものへと組み立てられた。すると、その過程で、非行に関するA男のナラティヴにも次第に変化が見られるようになった。

　非行は、「地域の交流会の会場でA男が女子小学生を執拗に追いかけていたので、教師がA男を取り押さえて注意しようとしたところ、急にA男が暴れて教師を突き飛ばして怪我をさせた」というものである。当初のA男の説明は、「女の子が急に逃げ出したから、理由が知りたくて追いかけた」「何も悪いことをしていないのに急に腕を掴まれたから、びっくりして腕を振りほどこうとしたら、先生にぶつかってしまった」といったものにとどまっていた。しかし、データと撚り合わせるように話を聞いていくうちに、説明は次のようなものに変わっていった。「そういえばあの時

も女の子に無視された気がして、なんかよくわからないけどすごく怖くなって、気づいたら変なことを一人でしゃべっていたかも。ああ、それで女の子は逃げたのかな。でも僕は、先生に告げ口されるんじゃないかって怖くなって、だから謝って先生に言わないでってお願いしようとしたら、誰かが急に大声で腕をつかんできて、怖くなって……」。こう語る時、Ａ男の自己像は「変態」から「人と仲良くなりたいけどうまくいかず、この先どうなるのかわからず怖くなってしまう自分」へと変わっていった。このプロセスを母親とも共有すると、発達障害のように見えた行動がどういう時に、どういうメカニズムで生じるのかが理解され、母親のＡ男像は「ダメな子」から「人とかかわりたいのに、うまくできない、手助けが必要な子」へと変化した。その結果、母親は対人接触を乏しくさせてしまった家庭事情を振り返るとともに、Ａ男の世界を広げることを目的に、Ａ男を旅行やボランティア活動に誘うようになった。また、「この子には学校での集団生活が必要だ」と考え、高校とも今まで以上に連絡を取り合うようになった。

データと投映技法によるナラティヴを織り合わせる

　実証的なデータが示していることがらが、何らかの理由で当事者にはまだ受け入れがたい場合もある。例えば、Ａ男のように自分についてのナラティヴが否定的なものであれば、ポジティブな結果（例えば、WAIS-Ⅲの平均を上回るIQスコア）を伝えても信じられないか、信じたとしても「能力がありながらちゃんとできない自分」を恥ずかしく思うかもしれない。逆に、自分の弱さを見せてはいけないと思っている人は、辛い感情を抱えていることを示唆する結果（例えば、ロールシャッハのDEPI＝6）をすぐには認めようと

しないかもしれない。

　こうしたケースでは、仮にデータと整合する体験があったとしても、その体験は本人にとってはまだ「遠い」ものだと言える。この時、査定者がデータの意味を解説し、「これを示す出来事があったはずだ」とか「この出来事はまさにこのデータとぴったりではないか」などと教え諭す姿勢に傾くと、いきなりそこに「暗くて深い溝」が口を開けてしまう。データが当事者の主観的体験に「近い」のか「遠い」のかはアセスメント・クエスチョンやテストのデータなどから推測し、慎重な対応を図る。この時有用なのは、情報のレベル分けという考え方である。

　治療的アセスメントでは、クライエントにとって馴染みのある情報から受け入れがたい情報までをレベル1からレベル3までに分けて考える。そして、必要に応じ、クライエントにとってまだ自分のものとは思えないレベル3の情報をレベル2の情報に変換させる工夫を行う。これがステップ3のアセスメント介入セッションである。そこではさまざまな方法が用いられるが、箱庭や描画、TATなどの投映技法を介して語られるナラティヴを扱うことも多い。その時実証的データと織り合わせるのは本人の現実生活での具体的体験のナラティヴではなく、さまざまな投映的ツールを通して語られるナラティヴということになる。投映技法によって語られたナラティヴの変化の一例を次に示す。

第4章 ❖ 司法領域における協働的／治療的アセスメント

事例

背景情報

　B男（18歳）は約1年前に家出をし、その後、20件以上の空き巣を行って逮捕された。家出のきっかけは父母の喧嘩だった。三人の弟妹がいるB男は、長男の自分がしっかりして父母の仲をとりもたなければいけないと思い込んでいた。そこで、父のためにビールを持っていく、灰皿を用意する、母のために布団を敷いてやるなどして、「ご機嫌取り」をした。しかし、それを1ヵ月続けるうちに「疲れてしまい」、家を出ることにした。家出後、B男は親に「友達の家に泊めてもらい、アルバイトをしている。心配しないでも大丈夫」とメールを送った。しかし、実際にはほぼ一文無しであり、食いつないでいくために空き巣を行い、その金で食事をし、ネットカフェで寝泊まりするという状態を続けていた。

　父は中規模製造業の社長である。父には「お金をもらっている以上、いい加減な仕事はできない」「大切なのは気構えであり、やる気がなければ何をやってもだめだ」という信念があり、B男に対しては「やる気を見せているのなら、困って頼ってきた時はいくらでも助けてやる。その代わり、やる気がなければ助けないし、自分から手を差し出してあげることもない」という姿勢で接していた。B男は父に一目置くとともに、「世界一怖い存在」と見ていた。

　母は父の会社の経理事務を担当している。母はあまり感情を表さず、機嫌が悪いと押し黙ってしまいやすい。そのため、B男は時々「母が何を考えているのかよくわからない。見放されているのかもしれない」と不安に感じていた。

ロールシャッハ結果にもとづく仮説の構築

　B男のロールシャッハ結果は次のようなものだった。

　新しい体験や可能性に対してほとんど扉を閉ざしている（L ＝ 2.71）。視野を狭め、ものごとへの関わりを表面的なものにとどめることによって、悩んだり困ったりすることを避け、心を安定させようとしている（EA ＝ 4.0、es ＝ 5、D ＝ 0）。また、複雑な心持ちにならないよう、感情に蓋をし、抑え込んでいる。例えば、不安や寂しさ、悲しさ、焦りを感じても、それを表には出さず、何でもないかのように取り繕ってしまう（SumC':WSumC=3:1.0、Afr ＝ .37）。しかし、そのように自分の内外からの情報を締め出してしまうため判断材料が少なくなり、複雑な事態になればなるほど間違いが多くなる（X-% ＝ 0.50、Zd ＝ -3.5）。特に、感情にインパクトが当たり、感情が動かされると、混乱してどうしていいのかわからなくなり、誤った判断をしやすい（カラー図版でのマイナス反応）。一見平然としていて、活動力もあるように見えるが（特殊指標はいずれも陰性、D ＝ 0、R ＝ 26、W:M ＝ 14:3）、実際には自信が乏しく、自分に本当に力があるとは思えていない（自己中心性指標 ＝ 0.19）。現実の不具合や脅威から目をそむけ、空想や自分の世界に逃避しており、自分が何かをしなくても時が経てば何とかなるかもしれない、誰かがどうにかしてくれるなどと、非現実的な期待をしがちである（Ma:Mp ＝ 0:3）。

　これらの結果から示唆されるのは、困ったことがあっても表には出さず、むしろ否認、回避して助けを求めず、結局はますます困り、行き詰まってしまうというパターンである。このたびの家出や空き巣に至る経緯にも、まさにこのような構造が認められる。その他にも、このパターンに合致するエピソードはいくつも見ら

第4章 ❖ 司法領域における協働的／治療的アセスメント

115

れた。例えば、小学校6年生の時、慕っていた祖父が死亡してしまい、B男は悲しみに襲われた。翌朝、B男は思わず学校で涙を流してしまったが、周りから心配されたことを恥ずかしく思い、祖父が死んだとは言い出せず、適当な嘘をついてごまかした。家に帰ってからも、「長男だから自分がしっかりしなければいけない、泣いていてはいけない」と思って平気な顔をして過ごした。あるいは、第一志望の高校に落ちてしまった時も、ショックを感じたが周りにばれないように平静を装い、「将来やりたいことがあるわけでもないから、どこの高校でもかまわない」と自分に言い聞かせた。また、高校で定期試験の日に遅刻し、単位を取得できなかった時には、「もういいやと思い」、その後は中退を考えるようになった。しかし、親には学校を辞めたいとは言いにくかったので、学校に行く振りをして家を出て、書店で立ち読みをしたり、日雇いのアルバイトをしたりして過ごしていた。

データとナラティヴの統合

　B男のアセスメント・クエスチョンの一つは、「家出をしないようにするにはどうしたらいいのか」だった。ロールシャッハなどの結果からは、適切なアサーション、感情表現、援助要請などができるようになることが、家出を防ぐための課題だろうと思われた。しかし、弱い自分や不十分な自分をさらすのをおそれ、恥ずかしいと思っているB男にとっては、それはまだレベル3の「遠い」情報である。実際のところ、自分のアセスメント・クエスチョンへの回答としてアセスメント開始前の時点で思いつくことをB男に尋ねると、「ご機嫌取りに疲れても我慢すればよかった」という答しか返って来なかった。レベル3の助言や課題の提案を

すれば、動揺したB男は回避、シャットダウン、現実逃避、歪曲などのやり方で対処し、身を守ろうとするだろう。そこで、まずは現実的体験にまつわるナラティヴではなく、投映技法の中に現れるナラティヴを用いることにした。そして、投映法のツールとしてTATを選択した。すなわち、困った場面や悩んでいる場面をTATの中で語ってもらい、そのナラティヴを材料に対処法について一緒に検討しようと考えたのである。

　まず困惑や孤立感を引き出しやすいと思われた4枚のカード（1、3BM、4、13B）を選び、一般的な教示をしてストーリーを語ってもらった。しかし、検査としての厳密な施行法のかたちは取らず、筆者が適宜介入しながら、ナラティヴの変容を後押しした。例えば、カード3BMでのやり取りは次のようなものだった（BはB男、Nは筆者を示す）。

カード3BM

B：悲しんでる。けっこう悲しんでるように見える。家族が事故で亡くなったか、病気で亡くなって。でも、他に家族が残っていれば、その家族、子どものために頑張る。子どもがいるとしたら、子どもの大卒まで、朝から夜まで働く。子どもに対しては悲しみを見せない。

N：この人はどうして悲しみを見せないの？

B：考えすぎると、動けなくなったり、頑張れなくなっちゃうから、悲しいことを考えないようにしている。働き詰めにして、考えないようにしている。

N：悲しみを見せるとどうなるの？

B：子どもが不安になる。子どもも悲しんでしまう。そうすると自分も頑張れなくなって、心中してしまう。でも、親が悲しみを見せなければ子どもが明るくなる。

N：この人はその後どうなる？

B：子どもが大学を卒業してから、一人で暮らしていく。今までは子どものためにと頑張ってきたけど、子どもがいなくなるとしみじみと悲しくなってくる。結構な期間、一人で悲しみ続ける。

N：その悲しみをどうしたらいい？

B：うーん、えーと、子どもはもう大人になっていて、今なら子どもに悲しみを見せられるかな。

N：それで？

B：子どもに悲しい気持ちを話して、子どももそれを聞いてあげて、うん、わかるよって。

N：気持ちを話してみて、どんな感じ？

B：楽になるっていうか、子どもだけじゃなくて、自分も幸せになる。

　B男がTATを通して示してくれたのは、自分のネガティヴな感情はなかったことにし、押し隠す、というナラティヴだった。しかし、筆者が質問を挟むことで、そこに悲しさを伝えてみるという物語が付け加わった。ただし、悲しみを「今、ここで」認め、表出するまでにはなっていない。それはまだB男には「遠い」体験にとどまっている。

　もう一つ、カード13Bでのやり取りを示す。

カード13B

B：この子は親を待ち続けている。親が仕事に行っちゃったり、出て行っちゃったりして、親の帰りを待っている。出て行っちゃったのをわかっていなくて、帰って来ないなあと思いながら、寂しく思っていて、一人で不安になっているところ。

N：寂しくて、不安になっている……。

B：でも待ち続ける。かなりの期間待っていて、1〜2週間、帰ってくると思いながら。そうでないと不安が広がってきて、どうしていいのかわからなくなってしまうから。

N：不安が広がってきて、一人ではどうしていいのかわからなくなってしまう……。

B：その後、近くにいた人から、「あなたのお父さん、帰って来ないのよ」と言われちゃう。

N：それで？

B：帰ってくると思い込もうとしていたのに、急に現実に引き戻される。でも、あんな親父なんていらないよと言って、探しに行くことはしない。どうせ誰も助けてくれないから、一人で生きていこうと思う。どこかで働くか、ストリートチルドレンみたいなことをして。駅とかに行って、小銭分けてくれる人を探したり、家の前を掃除したり。

N：どうせ誰も助けてくれない？

B：そう。で、町の不良みたいになっていく。親に捨てられたという思いがあるので。将来はマフィアみたいになっていって、いずれは親がどこにいるのか掴んで、親を殺すか、殺さなくても、何か仕

返しするか。

N：この物語、つくってみて、どんな感じ？

B：うーん、こんなもんかな。

　ここでも、自分のネガティヴな感情を抑え込み、助けを求めないというナラティヴが展開されていた。筆者はいったん物語づくりを止め、それまでの四つの物語を要約し、B男に何か似ている点はないかと尋ねた。するとB男はしばらく考えてから、「不安になっても、人には相談しないっていうこと」と答えた。そこで、最後のカード13Bを取り出し、次のようなやり取りをした。

N：けっこう悲しい物語だと感じたんだけど。

B：まあ、そうかな。

N：もしもこの物語が悲しくならないようになるとしたら、途中、どこでどうなったらいい？

B：うーん、さっきの近くの人が引き取ってくれる。で、その人の養子になる。親のことは憎み続けるけど、優しくしてくれる人がいるから、悪くはならない。

N：近くの人はどうして引き取ってくれることになったの？

B：この子が助けを求めたから。

N：そうか、助けを求めたんだ！

　この後、もしもその主人公が自分だったら何ができるだろうかと問い、現実のB男の行動レベルへと慎重に話題を移していった。最終的にB男は、人に相談しない点は自分にも当てはまるという

120

ことを認めた。そして、助けを求めると父親のようになれない自分に対して情けなさを感じてしまうのかもしれない、との気づきを得た。この時、B男の自己像は、「弱みを見せてはいけない自分」から「弱さを認め、困ったら相談できる自分」へと、少しだけシフトした。ただし、この時点ではナラティヴの変化が行動変容に結び付いているわけではない。ナラティヴの変化を確実なものにするためには、引き続き援助者との作業が必要になるだろう。

おわりに

　協働的／治療的アセスメントの中核的理念には、当事者を主体として尊重し、当事者と協働することが含まれている。それは、現代の司法システムとは必ずしも相性がいいわけではない。しかし、近年、犯罪処遇領域では対象者の主体性や意思、強み（strength）を重視する長所基盤モデルが提唱され、その有効性も示されている〔津富, 2011〕。このモデルでは、対象者は「専門家」たる他者から一方的に評価され、指示される客体ではなく、自らの問題を解決する「当事者」たる主体として位置づけられる。そうすることによって、人は支援者との人間関係を通して、強みとレジリエンスを持った自分のナラティヴを紡ぎ直すことができると考えられている〔Veysey, 2008〕。犯罪処遇領域のみならず司法領域全般にこのようなパラダイムシフトが起きてくれば、その時採用される心理アセスメントのモデルは当然に協働的／治療的なものになるだろう。

　しかし、そのようなパラダイムシフトを待たずとも、できると

第4章 ❖ 司法領域における協働的／治療的アセスメント

ころから少しずつ協働的／治療的アセスメントの理念や技法を取り入れ、実践していくことは可能である。それらの積み重ねにより、司法臨床における協働的／治療的アセスメントのレパートリーが広がり、洗練されたものになっていくことを期待したい。

❖文献

Chudzik, L. (2016). Therapeutic Assessment of a violent criminal offender: Managing the cultural narrative of evil. *Journal of Personality Assessment,* 98, 585-589.

Evans, B. (2012). Therapeutic Assessment alternative to custody evaluation: An adolescent whose parents could not stop fighting. In Finn, S. E., Fischer, C. T. & Handler, L. (Eds.). *Collaborative / Therapeutic Assessment: A casebook and guide.* John Wiley & Sons, Inc., pp.357-378.

Evans, B. (2015). PTSD as a human experience. *The TA Connection*, 3(1), 11-16.

Finn, S. E. (2007). *In our clients' shoes: Theory and techniques of Therapeutic Assessment.* Lawrence Erlbaum Associates, Inc.（野田昌道・中村紀子（訳）（2014）．治療的アセスメントの理論と実践―クライアントの靴を履いて―．金剛出版．）

Hume, M. (2014). In our inmate-patients' shoes: Using Therapeutic Assessment as an antidote to the toxicity of prison. *The TA Connection*, 2(2), 12-18.

菊池道子（1991）．心理検査結果を"返す"ということ．精神研心理臨床研究，2，10-18.

野田昌道（2006）．家裁調査実務への「協働（コラボレイティブ）アセスメント」の適用及びその効用―ロールシャッハテスト（包括システム）を用いて―．家裁調査官研究紀要，3，20-51.

津富宏（2011）．犯罪者処遇のパラダイムシフト―長所基盤モデルに向けて―．日本犯罪社会学会（編）．犯罪者の立ち直りと犯罪者処遇のパラダイムシフト．現代人文社，pp.62-77.

Veysey, B. (2008). Rethinking reentry. *The Criminologist*, 33(3), 1-5.

第 **5** 章

私設心理相談室で行う
"治療的な"アセスメント
インテーク面接における状態不安の
ダイナミック・アセスメント

田澤安弘
近田佳江

はじめに

　教育分野では、近年、従来の静的アセスメントへの反省を踏まえた、ダイナミック・アセスメント〔以下DA〕が広がりつつある。静的アセスメントは、学習者がすでに獲得している能力を、標準化された基準などに照らして教師が一方向的に評価するものである。それに対してDAは、自己評価やピア・アセスメントなどを介して学習者も評価過程に参与し、教授・学習の過程に起こる変化を学習者と教師が協働的に評価するものである。

　リッツとエリオット〔Lidz & Elliott, 2007〕によると、現在行われているDAは多様であり、それにはさまざまなモデルが存在している。しかし、その起源にはヴィゴツキー〔Vygotsky, 1935/2003〕の「発達の最近接領域」の考え方があって、DAとして分類されるためのいくつかの中核的な基準が存在している。リッツ〔Lidz, 1991〕は、それらを次のように要約している。

　①DAは、事前テスト→介入→事後テストの形式で行われる。まず、標準化されたテストを実施して、学習者がいま現在実行可能なレベルを見定める。次に、介入することによって変化を生み出そうと試みる。そして、再度同じテストを実施して、変化の程度と特徴をアセスメントする。

　②DAは、学習者の「変容可能性」に焦点を合わせる。一つは、介入に対する反応として起こった、学習者の変化の総量である。もう一つは、実際の問題解決において、関連するメタ認知的プロセス（ストラテジーの決定と適用、自己評価、セルフ・モニタリングなど）の現実的遂行が増大することである。

124

③DA は、種々の介入を展開するための有益な情報をもたらす。変化を生み出す介入の強度に関する情報や、メタ認知的プロセスの機能や機能不全に関する情報をもたらすことによって、学習者のパフォーマンス改善を促進するにはどのようにアプローチすればよいのか、介入への示唆を与えてくれるのである。

このように、DA には変化を生み出す側面と、近い将来の変化を予測したり介入への示唆を得る側面がある。介入と評価が表裏をなしていることもあり、全体としてはどこまでがアセスメントで、どこまでが介入であるのか、両者の境界線を明確に引くことは困難である。この点が、従来的な静的アセスメントと大いに異なっていると言えるであろう。

筆者（筆頭著者）は、主として教育分野で行われているこの DA の手続きを、私設心理相談室におけるインテーク面接に導入している。その際に測定されるのは、介入を含んだインテーク面接前後の状態不安の変化である。本論では、その手続きを具体的に紹介し、協働的コンテクストのなかに姿を現わすクライエントのナラティヴに注目したい。

不安のダイナミック・アセスメントと 発達の最近接領域

本論で DA が測定の対象とするのは、クライエントの不安とその低減である。そのため、インテーク面接の冒頭と終了直前に状態不安を 2 回測定する。

クライエントは、初めてセラピストと顔を合わせるインテーク

面接の冒頭で、大変緊張しているものである。この高不安の状況で測定された数値に反映されるのは、クライエントが独力でなし得る不安低減のための自己コントロールをネガとする、ポジとしての顕在的不安感であろう。これが、発達の最近接領域の下限であると考えられる。

その後、時間をかけて介入が行われるわけであるが、筆者のアプローチは、クライエントが心的体験にコンタクトして情動体験へ至ることを重視している。おそらく、負荷が高い心的体験への接触によって一時的にインテーク面接冒頭よりも不安が高くなるものと思われるが、不安を静穏化するように作用するセラピストの働きかけなどの影響で、セッションが終わる頃にはクライエントの不安は低減しているはずである。この時点で測定される数値に反映されるのは、クライエントがセラピストと協働するなかで間主観的に実現される情動コントロールをネガとする、ポジとしての安心感ないし低減した顕在的不安感であろう。これが、発達の最近接領域の上限であると考えられる。

クライエントとセラピストが対面することによって、二人のあいだに創出される潜勢的な可能性（リソース）の領域から不安感情を調整する静穏機能が誘発され、結果としてクライエントに緊張と弛緩のダイナミズムが生み出されることになる。本論でDAが直接的に測定するのは、シングル・セッションの内部におけるこのような緊張と弛緩の落差に他ならない。また、グリーンバーグ〔Greenberg, 2010/2013〕が言うように、「自己をなだめる能力は、最初は保護的な他者の静穏機能を内在化することで発達する」わけで、「時間とともに自己をなだめる能力が内在化され、クライエントは潜在的な自己静穏——意図的に努力することなく自動的に

感情を静穏する能力——を培っていく」ことになる。理論的には、DAは不安を調整する静穏機能、つまりクライエントが近い将来に独力で実現可能になる自己静穏能力を間接的に測定していることになるであろう。

これまでに分かっていること

ここで、インテーク面接におけるDAについて、これまでに分かっていることを述べておく。田澤・本田〔2017〕のSTAI〔肥野田ら, 2000〕を用いた実証的研究において、インテーク面接前後で状態不安が低下した「低下群」と、前後で変化しない「不変群」では、短期療法に導入された際の特性不安の変化のパターンに違いがあることが分かっている。状態不安の下げ幅は「低下群」が－24〜－74パーセンタイル、「不変群」が＋35〜－16パーセンタイルであった。

この研究では、特性不安はインテーク時、最終セッション時、フォローアップ時に測定された。両群とも20人、インテーク面接とフォローアップを除くセッション回数は4〜5回、インテーク面接から最終セッションまで約2ヵ月、最終セッションからフォローアップまで約1ヵ月であった。結果として、いずれの群においても特性不安がインテーク面接から最終セッションにかけて有意に低下するものの、さらに最終セッションからフォローアップにかけても有意に低下するのは「低下群」で、「不変群」は低下しなかった。各群の平均値の推移は、「低下群」が82→58→38、「不変群」が82→64→63である。

このような結果から、介入を含んだインテーク面接における状態不安の変化を拠りどころとして、短期療法による特性不安の変容可能性を見て取る道が開かれたと言えるであろう。この変容可能性の予測については、不安以外の変数にも目を向けて、今後さらに検討していくつもりである。

もう一つ、田澤・近田〔20017〕の単一事例研究によって、DAを含んだインテーク面接直後（短期療法への導入直前）に、クライエントの感情的および認知的側面の構造変化が発生することが分かっている。つまり、時系列的に言ってなだらかに変化していくのではなく、その前後を分割するようなブレイクポイントが発生して、インテーク面接直後に急激に変化するということである。DA後の変化の仕方については、一時的なものと永続的なものを含めて、今後も検討していくつもりである。

ダイナミック・アセスメントのステップ

ここからは、DAの各ステップを具体的に示すつもりである。DAは、以下の三つのステップから構成されている。

ステップ1

まず、インテーク面接のためにクライエントを室内に迎え入れ、着席後に、緊張緩和のために少しだけ会話する。その後、セラピストは必要事項を説明して、各種書類への記入をクライエントに求める。このあいだ、およそ5～10分を要する。

次いで、不安のDAの1回目（事前テスト）に移行する。まずセラ

ピストは、クライエントに対していま現在の気分について「気分は
いかがですか。緊張していませんか」など尋ねる。少し言葉を交わ
してから、STAIの状態不安と特性不安への回答を求め、その際に、
いまと、今回のセッションの終わりに同じ心理テストを行って、後
ほどその変化について話し合いたいと伝えておく。

ステップ2

　ここからクライエントのナラティヴに耳を傾ける。筆者の場合、
ごく普通のインテーク面接のように、クライエントの悩みや抱えて
いる問題、生活史などについて聞き取るだけではない。初回面接で
はあるが、積極的に介入することも行う。むしろ、こちらの方がメ
インとなるであろう。

　インテーク面接には、全体として90分から2時間程度の時間をか
ける。クライエントによっては3時間を超える場合もあれば、1時間
で終了する場合もある。まずセラピストが「今回はどのようなご相談
になりますか?」「どんなことでお困りですか?」などクライエント
に問うことからスタートするわけであるが、インテーク開始から30
分が経過する頃までは積極的な介入を行わずに、クライエントの訴
えにひたすら耳を傾けることに終始することが多い。このようにして、
クライエントの声に浸ることによって肌で感じ取った言語以前の触感
を頼りとして、その後は臨機応変に介入を試みていくことになる。

　どのような介入をどのように行うかは、セラピスト自身のオリエン
テーションによって左右されるであろうし、介入の強度も、セラピストが
そのつど感じ取るクライエントの変化に応じて時々刻々と調整されるは
ずである。筆者の場合には前言語的な身体レベルに表出する不安緊張
を意識して、間主観的な情動コントロールに努めながら、クライエント

第5章 ❖ 私設心理相談室で行う "治療的な" アセスメント

129

がその心的体験と充分にコンタクトするようにアプローチしていく。

ステップ3

　2回目のDAである（事後テスト）。インテーク面接でのやり取りを一通り終えてから、クライエントに再びSTAIへの記入を求める。ここでの回答は、状態不安だけでよい。セラピストは事前テストと事後テストの状態不安得点、それから特性不安得点を計算し、それぞれを記録用紙のグラフ上にプロットしてクライエントに示す。

　次いで、DAによるこの変化のアセスメント結果を足場としながら、いま現在抱えている悩みをセラピストに話すことによって、冒頭での不安が実感として低減したのか、あまり変わらなかったのか、あるいはさらに不安になったのかといった点について、自己評価をクライエントに求め、話し合う。さらに、その話し合いのなかで、セラピストの対応は侵入的なものではなかったか、安心感を与えるものであったか、あるいはセラピストとの個別的関係において今後セラピーのなかで心情を言語化した場合、精神的に楽になりそうか、苦痛が昂じそうかなど、互いにピア・アセスメントを行う。

　もしもインテーク面接前後で状態不安が上昇したとすれば、その後のセラピーへの示唆として理解し、例えば「今回のような強度のアプローチでは動揺が強くなりすぎるので、次回はもう少しサポーティヴに関与しよう」など、セラピスト側の関与の仕方を修正するための材料として活用することもできるであろう。

　以上、①事前テスト→②治療的介入→③事後テスト＋変化のアセスメント結果をもとにした話し合いという一連の流れが、インテーク面接におけるDAのステップである。

具体例の提示

　以下に二人の事例を提示する。カウンセリングで入手されたマテリアルを研究目的等で使用することに関しては、インフォームド・コンセントを経ている。ただし、プライバシーを保護するために記載する情報を必要最小限にとどめると同時に、本人が特定されないように修正が加えられている。

事例 1

　事例はA子さん、30代の女性である。対人的な不安や自信のなさがあり、筆者の私設心理相談室に来談している。インテーク面接でのSTAIの状態不安は、開始前が69パーセンタイル、終了後が15パーセンタイルで（下げ幅は54）、特性不安は80パーセンタイルであった。では、2回目のDA終了後のやり取りを示す。全て、ICレコーダーに録音された音声を文字化したものである。また、以下の会話は、Thがセラピストの発言、Clがクライエントの発言である。

> **Th-1**：ええと、さっきと比べて、いまの気分はいかがですか？
> **Cl-2**：うーん、なんか、はー、…………うーん、まあ、自分ってこういう風に思っているんだってことが、改めて、あー、うん、感じました。……うん、なんか、…どうしょうもないこと、言っているような気がしてきました。ふふ。
> **Th-2**：はあ。さっきより、緊張してます？　もっと落ち着きました？

Cl-3：あー、もっと落ち着きました。

Th-3：あー、そうですか。うんうん。うんうん。うんと。……これ、真ん中が3のところなんですけど、ここですね。で、さっきは、ええと、ここか。普通の、普通程度だったんですが、いまは、リラックス状態まで落ちてますね。で、普段どうかというと、ここなんですけど、普通よりも、まあ、一段は高いなーというところですね。

Cl-4：はい、そうだと思います。

Th-4：普段、不安緊張感は、かなり強めって感じですね。

Cl-5：はー、そうですね。はい。

Th-5：で、まあ、今日、このくらいストーンと落ちているので、お話することによって、それだけでも楽になれそうですね？

Cl-6：はー、そうですね。はい。

Th-6：今日ね、自分で話してみて、どうでした？　ご感想は。

Cl-7：はい。うん、……ホッとしたというか。……はい。おちつ、うん、何となく、はい。落ち着いた気持ちです。

　セラピストは「いまの気分はいかがですか？」（Th-1）と尋ねるが、クライエントの返答は「なんか、どうしょうもないこと、言っているような気がしてきました」（Cl-2）という自己否定的なものであった。そこでセラピストはクライエントの自己否定的ナラティヴにそのまま耳を傾けるのではなく、「さっきより、緊張してます？　もっと落ち着きました？」（Th-2）と問うことによって、気分や感情の変化に対して焦点を向けかえている。

　その後セラピストは、STAIの状態不安の変化と普段の特性不安について、プロットされた数値を具体的に提示しながら説明し

ている（Th-3 〜 Th-5）。視覚化されたグラフを媒介として、クライエントのナラティヴが生成することを期待してである。だが、セラピストの聞き方によるものと考えられるが、ここではクライエントの語りがあまり促進されていない。次にセラピストは、インテーク面接の感想を聞いたり（Th-6）、セラピストの聞き方そのものに対する感想を聞く。

Th-7：ふんふん。……そう。私のね、お話の聞き方とか、いかがでした？　話しにくかったりしませんか？

Cl-8：まったくないです。

Th-8：ないですか。それはヨイショしているわけではなくて。

Cl-9：いやー、ないです。はい。こんなにペラペラしゃべって、なんか、ふふふ、もう、恥ずかしいくらいです。

Th-9：あーーー、そうか。ふだんは、

Cl-10：普段は話さないような。ふふふふ。

Th-10：あー。そうね。恥ずかしい感じが、いま残ってる。少し。

Cl-11：そうですね。はい、なんか、あまり人に言っちゃいけないようなことでも、ことのような気がするので。はーい、そうですね、あまりオープンな性格ではないのかもしれないです。

Th-11：あれですか、こんなことペラペラ、ペラペラしゃべっちゃって、みたいな。

Cl-12：はい。

Th-12：あー、……あー。これからお家に帰りますね。お家に帰ってこの場面を思い出したら、どんなこと考えると思いますか？

Cl-13：あー、やっぱり、なんか、内面を話すことにすごく、ふだ

第5章 ❖ 私設心理相談室で行う"治療的な"アセスメント

133

んは抵抗があるので、やー、こんなこといって、よかったのかなー
とか、思うかもしれない。

Th-13：はあはあ、ほう、全然いいんですけどね。

Cl-14：ははは。たぶん慣れてないっていうのと。…はー、そう
ですね。抵抗があるんだと思います。普段は、そういう話をするのに。

Th-14：ほうほう。はあ、うん、そうね。まあ、こんな感じのやり
取りで、進んでいきます。うん。……もう少し、こうしてほしい、
みたいなのありますか？

Cl-15：いいえ。……特にないです。けど。この、なんていうんで
しょうか、この、私のこの、テーマで、ふふ、続けて、いただいて
もよいのでしょうか？

Th-15：はい、いいです。

Cl-16：はー、ありがとうございます。

Th-16：ほう。もしかしたら、駄目なんじゃないっていうのが、あ
るんですか？

Cl-17：あります。はい。

Th-17：ほう。…OKです。

Cl-18：はあ。ありがとうございます。何となく、相談してもしょ
うがないことなのかなって、いうのがあって。

Th-18：ふーん。……なんでですか？

Cl-19：自分で、自己解決、し、しなきゃいけないのかな。と、思
うところがあります。

Th-19：ふーん。そう、今までね、何かあっても、自分で、自分で、
という感じでした？

134

Cl-20：そうですね。はい。

Th-20：はー。まあ、お友達は別として、相談しないのかな？

Cl-21：そうですね。はい。そうですね。苦手です。……すいません。……（ティッシュを取って涙を拭う）……はあー。すいません。…………

　このようにしてセッションは終了した。セラピストが聞き方について問うと（Th-7）、それに対して特に要望はなかった（Cl-8）。その意味で、クライエントの要望に応じてこちら側の関与の仕方を変更する協働的な構えがあることを、示すにとどまったと言えるであろう。

　それに続いてクライエントは、ドミナント・ストーリーを語り終えたいまの段階になって、自分は喋りすぎてしまったのではないかという後悔と恥の感覚（Cl-9）、内面を他人に明かすことに対する抵抗と明かした後に生じる後悔（Cl-13）、自分が語ったテーマはセラピストに受け入れられる価値があるのかという懸念（Cl-15）、相談してもどうにもならないのではないかという諦め（Cl-18）、やはり自分の問題は自分で解決しなければならないという、やむを得ない自力解決への後退（Cl-19）について順に語り、ついには人づきあいが不得手であることを口にして涙を流した（Cl-21）。さまざまな声たちのポリフォニーが、さしあたりの句読点に向かって収斂していったのである。

　結果として、インテーク面接におけるセラピストが介入しつつ聞き取る行為と対になったクライエントの語りを前景とすれば、その背景でクライエントの状態不安は69から15に低下した。こ

第5章 ❖ 私設心理相談室で行う"治療的な"アセスメント

れが、シングル・セッション内で実際に生起した不安の変化であると同時に、変化の「伸びしろ」としての発達の最近接領域でもある。ここには、不安感情を調整する静穏機能の変容可能性が反映されていると言えるであろう。

その後A子さんは、時間制限の短期療法に導入された。インテーク時、最終セッション時、フォローアップ時に測定された特性不安は80→47→9と推移し（88.8%減）、最終セッション時にはすでに不安が静穏化していただけでなく、さらにフォローアップ時まで引き続き不安が低減していったことも理解される。

事例 2

事例はB子さん、30代の女性である。対人的な不安や家族関係にかかわる悩みのために、筆者の私設心理相談室に来談している。インテーク面接でのSTAIの状態不安は、開始前が78パーセンタイル、終了後が9パーセンタイルで（下げ幅は69）、特性不安は80パーセンタイルであった。では、2回目のDA終了後のやり取りを示す。全て、ICレコーダーに録音された音声を文字化したものである。

Th-1：いまのご気分はいかがですか。
Cl-1：ああ、すごく、すっきりした気分というか、うかがって、うまく自分の気持ち、思っていることを話せるか、心配だったんですけどね。だから、今日はけっこう、自分なりに話したいことがお話できたと思ったので、すごくすっきりした気持ちでいます。
Th-2：ああそうですか。

Cl-2：はい。

Th-3：そういう感じですね。ええと、3のここが普通のところなのですが、先ほどはこのくらいですね。まあ普通の高いあたりだったのですが、いまはグーッと下がって、かなりリラックスしてますね。

Cl-3：ああそうですね。はい。

Th-4：普段なんですけど、普段は普通のところよりほんのちょっと高い程度です。

Cl-4：ああ、やっぱり。

Th-5：そんな感じです。

Cl-5：そうですね。

Th-6：でも、そんなにべらぼうに高いわけではないです。

Cl-6：はい。

Th-7：うん、じゃあ、そうですね、自分のことを信頼できる誰かに話せたら、少し落ち着くのかな。

Cl-7：そうですね。普段一人でいることが多いので、一人でいると、こう会話もしないし、あの悶々と両親のこととか、うまくいかないことばっかり、悪い方に、ことばっかりが、頭の中が占領されるので。うーん、そうです、これくらいだなっていうのは、わかる気がしますね。

　セラピストが気分について尋ねると（Th-1）、クライエントは、自分なりに話したいことが話せてすっきりとした気分になったと答えている（Cl-1）。DAの結果は、そのようなクライエントの言葉を受けてから、その実感を裏打ちするかたちで提示された（Th-3）。つまり、セラピストは、「（B子さんが）仰る通りに数字も変化していますよ」と意味づけることによって、クライエントのナラテ

ィヴをそのままなぞるようにして専門知を媒介したのである。

　次にセラピストが、DAの結果を踏まえて、インテーク面接において
そうであったように誰かに話すことによって不安が静穏化するのであろうか
と問うと (Th-7)、クライエントはそうかもしれないと肯定している (Cl-7)。
そして、一人でいると悶々としてしまい、うまくいかないことばかり思い浮
かんで悪い方に考えてしまうこと、つまり「頭の中の占領」について話して
いる。さらに、この日常的な頭の中の占領と少し高かった特性不安得点を結
びつけて、「これくらいだなっていうのは、わかる気がしますね」と述べて
いる。このナラティヴは、視覚化された数値に照らしてクライエントが既存
の自己理解を確認し、専門知に対して一定の理解を示したものである。した
がって、権威的な言葉に対する全面的服従ではない。

　次にセラピストは、「悶々」というクライエントの言葉を取り入れなが
ら、来たるべきカウンセリングに対するクライエントの気持ちを聞いていっ
た。

> **Th-8**：カウンセリングとなると、あの、ただ黙って聞いているだけ
> ではないんです。なんですか、悶々としているあたりのお話を中心
> に、おそらく聞いていくことになると思います。ですから。悶々と
> すると思います。いかがですか。
> **Cl-8**：ちょっと、いまは、あー、うーん、ちょっと、いまは、ちょっと、
> はー、分からないですね。どう思うか。
> **Th-9**：つまり、話してすっきりしたという感じではなく、モヤモヤ
> するあたりを探りながら話してもらいますから、ちょっと、すっき

りじゃなくて、モヤッとするかもしれない。

Cl-9：ああ、それでも。モヤッとしていることがどういうことなのか知りたいので、それでもかまわないです。はい。

Th-10：そうですか、はい。

　セラピストは「モヤモヤするあたりを探りながら話してもらいます」（Th-9）と述べ、クライエントは「それでもかまわないです」（Cl-9）と答えている。この部分は、ポストモダンの協働的なナラティヴ・アプローチの姿勢に反するところであろう。筆者は、心的体験にコンタクトすることを重視しており、それが一方的な提案としてここに現れてしまったと言える。本来であれば、どのようなアプローチを選択するのか、そのこと自体をクライエントと話し合うべきであったと反省する部分である。

　その後B子さんは、時間制限の短期療法に導入された。インテーク時、最終セッション時、フォローアップ時に測定された特性不安は、80→47→9と推移している（88.8%減）。

ま　と　め

　二人のクライエントについて、2回目のDA後のやりとりを記述した。ここで実際に行われたことに加えて、実現したかったことも含めて改めて整理してみる。

　まず、心理尺度の数値を示しながらの会話でテーマにするのは、①「インテーク面接でセラピストに悩みを話した結果として、い

まクライエントはどのような気分になっているのか」という「現在」に関することである。「ホッとした」など、できれば身体感覚に基礎づけられた実感を語ることができるようにして、数値はその実感を裏打ちするようなかたちで示すのが理想であろう。

　次にテーマとしたいのは、②「そのような気分の変化をもたらしたインテーク面接は、クライエントにとってどのような体験であったのか」という「過去」に関することである。これは、クライエントの主観的体験とセラピスト体験の両面にわたって耳を傾けるのがよいであろう。セラピスト体験とは、クライエントがセラピストをどのように体験したのか、つまりセラピストに対する評価のことである。

　最後にテーマとしたいのは、③「これから二人でセラピーを開始することによって、近い将来にクライエントの気分は静穏化されそうな感じがするか」という「未来」に関することである。いわゆるクライエントとセラピストではなく、いま対面している個別的な二人が会話を継続させていくことによって少しでも楽になれそうな気がするのか問い、未来の可能性に目を向けるのである。

　このようにして、インテーク面接のDAにおいては、現在、過去、未来にわたる話し合いを繰り広げるのが理想である。それはまるで、絵画統覚検査（TAT）の図版を介在させて主人公の物語を創造するような、問いと答えの弁証法のようでもある。しかし、この理想に照らして二人のクライエントとの関わりを振り返ると、筆者の側に改善すべき点がいくつもあることが分かる。協働的コンテクストにおける対話とそこから生成するナラティヴの視点へ、よりいっそうシフトしなければならない。六十の手習いという言葉もある。もう若くないが、クライエントに学びながら

自分自身をさらに脱構築していくつもりである。

おわりに

　DAは変化のアセスメントであるだけに、ポストモダンの治療的なアセスメントとしては、介入による変化が少し強調されすぎているように思われる。その意味で、モダンの匂いを残した、ポストモダンへの架け橋といったところであろうか。物語的転回まで、あと一歩である。DAの物語的転回を実際に実現するのは、本論に理解を示してDAを発展させようとする、若い世代の臨床家であろう。このポストモダンの心理アセスメントを身につけ、自分なりに越え出ようとする心理臨床家たちの努力に大いに期待している。DAにはライセンス制（家元制度）がない。自由に、そして大胆に発展させてほしい。

　最後に、本論は田澤らの2本の論文〔田澤・近田, 2017；田澤・本田, 2017〕に事例を追加して、大幅に改編したものである。第二著者は、「具体例の提示」部分を協働的に執筆している。また、DAの具体例として取り上げたA子さんとB子さんに感謝いたします。

❖文献

Greenberg, L. S.(2010). *Emotion focused therapy*. American psychological association. (岩壁茂・伊藤正哉・細越寛樹（監訳）(2013). エモーション・フォーカスト・セラピー入門. 金剛出版.)

肥野田直・福島眞知子・岩脇三良・曽我祥子・Spielber, C. D.（2000）. 新版 STAI マニュアル. 実務教育出版.

Lidz, C. S. (1991). *Practitioner's guide to dynamic assessment*. The guilford press.

Lidz, C. S. & Elliott, J. G. (2007). *Dynamic assessment: Prevailing models and applications*. JAI press.

田澤安弘・近田佳江（2017）. インテーク面接におけるダイナミック・アセスメントのためのマニュアルと、ダイナミック・アセスメント後の情動的及び認知的変化に関する単一事例研究. 北星論集, 54, 81-101.

田澤安弘・本田泉（2017）. 初回面接前後の状態不安の変化と多元的ブリーフセラピーの効果との関連性—インテーク面接へのダイナミック・アセスメントの導入—. 北星論集, 54, 75-79.

Vygotsky, L. S. (1935). Umstvennoie razvitie detei v protsesse obuchenia. Gosudarstvennoie Uchebno-pedagogicheskoie Izdatel'stvo.（土井捷三・神谷栄司（訳）(2003).「発達の最近接領域」の理論—教授・学習過程における子どもの発達—. 三学出版.)

終 章

モノローグからダイアローグへ
心理アセスメントの新時代へ

ナラティヴの視点から見た
協働的／治療的アセスメント

話し手 **森岡正芳**
聞き手 **田澤安弘**

本章に収録したインタビューは、2015年9月に、日本人間性心理学会第34回大会の会場である聖カタリナ大学〔愛媛県松山市〕のキャンパス内で行われたものである。当時、神戸大学に勤務していた森岡正芳先生は、同年9月の日本心理臨床学会第34回秋季大会〔神戸〕の自主シンポジウム「治療的アセスメントについて考える（その6）」に指定討論者として参加予定であったが、公務の都合により参加できなくなってしまった。そのため、シンポジウムにはビデオ参加をお願いし、急遽このようなかたちで本番直前にインタビューを行い、シンポジウム当日は映像を流すことになった。

　森岡先生には事前に簡単な資料をお渡しして、心理アセスメントを得意としながらも、ナラティヴ・アプローチに関しては初心者であるような臨床家に向けて語ってほしいとお願いした。しかし、聞き手のスタイルとしてシナリオ通りには進めたくなかったため、入念な打ち合わせをすることもなく即興演奏のようなインタビューとなった。結果として、心理アセスメントの物語的転回とは何なのか、そして心理アセスメントのいまとこれから目指すべき近未来のヴィジョンがどのようなものであるのか、鮮やかに描き出されたように思っている。

名前があり、身体を具え、
個別的な歴史を生きる一人の人間として

田澤 自主シンポジウム「治療的アセスメントについて考える」
ですが、今日はナラティヴの視点から切り込んでみたいと思い、
神戸大学の森岡先生のお話をお伺いします。森岡先生、今日はよ
ろしくお願いします。

森岡 はい、どうもありがとうございます。皆さん、本当は神戸
の学会にお邪魔して、もう6回目というこのシンポジウム企画に
参加したかったんですけども、やむを得ない公務で、残念ながら
今日は欠席いたします。田澤さんにインタビューしていただき、
私が、ナラティヴという視点でこの治療的アセスメントをどう考
えるかということについて、少しコメントしたいと思っておりま
す。よろしくお耳をお貸しください。

田澤 はい、よろしくお願いします。では、さっそくなんですけ
ど、今日会場にいらっしゃる方はナラティヴの初心者の方もけっ
こういると思います。まずナラティヴの基本といいますか、物語
としてのナラティヴが、自己を構成するとか再構成するとか、そ
の辺の基本的なところのお話をちょっとお願いします。

森岡 ナラティヴは、物語、語り、あるいはストーリーとか類似
の言葉があって、定義もさまざまです。それよりも、私はこうい
った視点が1980年代、約30年前にどこからか影響を受けたとい

終　章 ❖ モノローグからダイアローグへ　心理アセスメントの新時代へ

145

うわけではなく、同時代的に、医療、看護、心理、福祉、教育と、それから社会学ですね。人間科学全体において、起きてきたという一大ムーブメントですね。これが歴史的にも意味があると思っています。それはズバリ言えば、個人ですよ、個人。人です。

　今日、個人の、一人ひとりの経験がないがしろにされてしまう時代を迎えてしまった。科学技術と情報化時代の加速度的進展の中で、個人よりも、非常にパターン化した、科学に名を借りた一般論、技術論によって人を切り刻み、名前を持った個人の生きた証であるとか、歴史であるとかは全て無視し、個別の経験などは、それはどっかの話でしょうとスルーする。心理も教育も全て極端に言えば医療化、技術化され、その対象にされてしまった。ナラティヴは、この時代の危機を察知したさまざまな領域で、人が語るというところに戻ろう、そういう動きの中で始まった発想というか、視点なんですね。

　個人の体験に戻り、固有の名を持った「私」と、そしてその「私」の体験を聞くという「あなた」ですね。こういった一人ひとり、あるいは小グループの中で、自分のことを、さまざまな出会いの中で思い起こし、ふり返り語り合う。その中には、臨床の場合でしたら、さまざまな嘆きや、悔やみ、悲しみも入ってきます。それから思い出したくもないような、それはまさに傷つきのことも含めて、話題になりますね。こういうものを、まずは語る、そして、語りという一つの枠組みの中で捉えていこうというのが、最初の出発点じゃないでしょうかね。

田澤　あれですかね、人称的に言ったら「我」と「汝」と言いますか、「私」と「あなた」の間でこう、生まれてくるのがナラテ

ィヴっていう感じでしょうかね。

森岡 当然、聞き手がそこにいます。語るということは聞くということといわば対になっていますからね。そして「語る」「聞く」の前には「出会い」があります。出会いがないと、つまりコンタクトっていうか、心が触れるということが語りには欠かせない。今日の課題、アセスメントの場というのは、これはどういう出会いなんでしょうね。そこで生じてくる語りには、私もとても関心がありますよ。それはどういう質のものなのか、そこに関わってくると思いますね。

二 人 で 問 い を 立 て る こ と の 意 味

田澤 ではさっそく、協働的／治療的アセスメントの核心に迫りたいと思いますけど。ええとですね、従来のアセスメントとこの協働的アセスメントがまったく異なるのは、相談者の方に問いを立てていただくってことなんですね。「自分のことで何か知りたいことはありませんか」というかたちで、自分で問いを立ててもらって、その次に、標準化されたテストを行って、答えをテスターがお伝えして、そこから対話が始まっていくんです。で、考えてみたら、ナラティヴ・アプローチですか。その立場で、なんですか、二人で協働して問題を定義するっていうか、そういうやり方があったかなと思って。

森岡 うん、そうですね。

終　章 ❖ モノローグからダイアローグへ　心理アセスメントの新時代へ

田澤　相談者自身に問題を定義してもらう。だから、こちらが診断のレッテルを貼るんじゃなくて、あちらに心理診断の責任をこう、委ねるといいますか。そういうところが似ているかなと思うんですけど。

森岡　いや、もちろんそうでしょう。残念ながら、私、治療的アセスメントについて、田澤さんたちのグループがなさってきたことは、本当に、こういったご縁をいただきながら、なかなかしっかり勉強していなくて。頓珍漢なことをお伝えするかもしれませんが。今のお話聞いていましても、これはテスト場面ですよね？ アセスメントの場面で、普通は情報をとにかくできるだけ的確に、限定された場面のなかでスピードアップして集めようとする場面でしょう。それをこのアプローチは、クライエントというのかな、テストを受ける人を、被検者なんて言わないですよね。むしろ協力者なのかもしれません。協力者の方にですね、ここで自分のことの一番何を知りたいですかという問いかけをすることから始まるというのは無茶苦茶面白いですね。通常のテスト場面とは逆です。通常、テスターの側にこの人は何々症かなとか、何とか障害かなとか、その人のパーソナリティの状態がどうかということを前提にこちらの側にマップ、地図がある。あるいは何かチェックリストがあってそれに合うか合わないかでもって、その相手が対象者だから、それだけを見ていく。これがテスト場面の一番極端なかたちだけれども、治療的アセスメントとは完全に逆転してますよね、そういった意味ではね。

　でも考えたら当然ですよ。アセスメントの場面っていうのは、クライエントあるいは患者さんたちが、自分のことが、まあとに

かく自分一人では解決できないような、訳の分からない状態に陥っているわけですね。当然、苦悩、課題というか根本には、差し迫った問いを抱えてそこにいらっしゃるわけですよ。「なぜ私はこうなったのか」「なぜこんなに苦しいんですか」「どこが悪いんですか」「それはテストで分かりますか」と。こういう問いを持つのは、自然なことですよね。

田澤 そうです。はい。

森岡 一方、プロフェッショナルの側からは従来、非常に強制的な枠の中で、強いられた枠の中でテストを行う。テスターはあくまでニュートラルであると。これ自体がものすごく不自然ですよね。本来に戻れば、クライエント、協力者の方はそういう問いを持つのが自然であり、このテストで何か分かるんですかと聞きたくなる。実際に聞く人いますよね？

田澤 いますね。

森岡 それで我々は、それに対して説明を行う。その説明において、出来るだけマニュアル通りに、主観とか、そういったものを入れずに、という前提がありますが。つまり通常のアセスメント、さまざまな場、病院なり、まあ司法の場はちょっと違うかもしれませんが、そこで起こっているアセスメントの場面というのは、実際には協働的な部分があるんじゃないでしょうか。つまり、このテストで何が分かるか不安なんですねということをテスターの側からも応答しつつ、共感的に相手に伝えることもあるし。場の

設定は随分苦労します。アセスメントではね。通常のテスト場面でも、マニュアルに書いてある通りになんて、アセスメントは出来ないと思います。

　つまり、テストを受ける方々は名前を持っていて、で、田澤さんという方が来られたら、田澤さんがこの場面に来た時に、例えばロールシャッハ。このカード、このテストで何が分かるんですかと聞きたくなる。で、私は森岡ですと。名前を持ったテスターがいて、田澤さんは当然森岡に反応してくるんですよ。テスター、匿名のテスター1とか2じゃないですよ。ナラティヴの視点はそこなんです。それを従来の科学は除外している。治療的アセスメントはそれを、改めてクローズアップさせて、しっかりとした枠に乗せていくというアプローチかなと思いますね。はじめに問いから入っているというのは。

田澤　はい。先生の言葉でいま、場の設定という言葉があったのですけど。先生がどこかのご著書で書いていらっしゃったと思うのですけれども、クライエントのナラティヴが生成するための、えー、何て言ったかな、創出的コンテクスト。

森岡　あー、そうですね。

田澤　創出的コンテクスト。

森岡　文脈でしたね。

田澤　それを、作っていく仕掛けが問いを立ててみること、あち

150

ら側に委ねることにあるのかなと思うのですけど。

森岡 フィンのアプローチはまずその問いを聞きますよね。その問いは、最終的には答えを得るようなかたちまで持って行くのですか。つまりクライエント自身の問いは、ある程度分かってくると？

田澤 最終的に目指すゴールは、相談者の古い自分の物語が新しい物語に変わっていくところにあります。

森岡 そこまで行く？

田澤 そこまで行く、らしいのです。

森岡 だから、ブリーフセラピーに近いとも言っているわけですね。テスト場面がそのままブリーフセラピーでもあると。

田澤 その通りです。

森岡 そこまで行くわけですね。そうすると分かりやすいですよ。つまりアセスメントのツールとしてテストがあるのですが、ナラティヴ・アプローチの、社会的構成主義をコアとしているグループの場合は、来談者が来られたら、ズバリこう聞きますよね。「この時間が終わったらあなたはどうなっていたいですか」と。だから私は例えばこんなことが少し楽になればいいですと。それでは、それがその楽になるためにこの時間を使うには、この時間に何が

起きればいいでしょうかね。というかたちで、問いを立てていくわけですよ。で、そんならこういう事があればもっと違うかもしれませんとか、この話をもっとすれば、聞いてもらえれば、少しヒントが得られるかもしれませんとか、そういうかたちでね。クライエント自ら自分自身のこの動きを作っていく。すなわち構成主義ですよね。作っていくんですよ。それに対してセラピストはお供するというのか。私たちは伴走者でもあるし、支えて一緒にこの時間を全力を尽くして、協力しましょうと。できる限りお役に立ちたいですよと。こういった役割です。セラピーに共通する部分があるんですけどね。かなり、これを自覚的、意図的に作っていくのは構成主義セラピーですが、ナラティヴの特徴的な部分だと考えられます。今のお話もけっこう構成主義的ですね。

田澤 とても似てると思いますね。

森岡 似てますね。しかし、歴史的にはこれ、随分古いです？もう90年代？

田澤 これ、フィンが打ち出したのは前ですね。

森岡 もっと前ですか？

田澤 90年、ちょっと前ですね【注1】。

森岡 前ぐらいですね？　僕がさっき言った、ナラティヴ・アプローチの同時代性の中に含まれますね。やっぱり80年代くらい、

30年前くらいから出ていた動きの中の一つのものですよ。ただ、ほとんどまだ日本に紹介されずにいた。これは希有です。

無知の姿勢と専門知の絡み合い

森岡　その構成的な部分というのは一方で、セラピストの側の態度、これが重要なんですよね。こちらは専門家ですから、ある種の予断、この人が何々症であるとか、さまざまな症状や病名のラベルみたいなものが、当然半分は頭の中にある。構成主義の場合、この人がどういう問いを元にして、どこへ向かおうとしてるか、それに付いて行くわけだから。こちらの方は未知のことばかりである。これはハーレーンたちがいう、無知というかな。ノット・ノーイング、これを説明するのは難しいんだけれど【注2】。自分が知っていることをいったん宙づりにして、この人のことを私たちは知らないという姿勢を常に保つ。これによって導かれていく。こちらが先に地図を持っている限りにおいては、結局はそこへと、相手の言動の全てを、先に意味づけてしまうという可能性があります。しかしこの態度は、かなりの専門性とトレーニングがいるでしょうね。

田澤　はい。遡ると、ソクラテスですか。無知の知っていいますか。自分の人生についての専門家としての相談者。何も知らないセラピストが教えていただくっていう。そういう姿勢でした。

森岡　そうですよね。こう、自分の中に、探っていけば、けっこ

う、発掘できる、リソースがある、ヒントがあって。うん、その
手がかりをできるだけ共有していく。ブリーフなんか特にそうい
ったことからアプローチする。なんかやっていけそうな気がしま
す、というところまでが課題になっています。

田澤　あっ、それと地図。マップっていう言葉が何回か出てきた
んですけど。その言葉を使うと、治療的アセスメントがちょっと
違った視点から見えてくるんです。で、どういうのかというと、
やっぱり協働的にスタートするんですけど、実際にやる、施行す
るのは、標準化されたテストなんですよね。

森岡　ああ、そうですよね。途中でかなりやるんですよね、標準
化されたテスト。

田澤　ええ。いったんこちら側の専門知っていいますか、持って
きますよね、枠を。

森岡　うんうん、専門知をまず持ってくる。

田澤　で、そこを媒介して、また戻るっていうことをするわけで
す。

森岡　そこの、戻るってところが面白いですよね。うーん、ここ
でアセスメントの場合はその専門知をちゃんと、とりあえずはま
ず1回は確認するというステップが必要なんですね？

田澤　そうですね、はい。

森岡　これはとても意味あると思いますね。つまり、これは多分ね、最近話題のオープン・ダイアローグの実践とも絡んでくると思います【注3】。オープン・ダイアローグは、複数のスタッフと、それから小集団での、家族、患者さんが同席し、対話する。最近話題の方法で、ナラティヴ・アプローチのある種の展開型です。その元は、トム・アンデルセンのリフレクティング・チームです。

　今の話で言えば、まずは患者さんサイドがある。この時間をどう使いたいのかという確認のステップがあって、傾聴する。そこからいったん区切って、専門家同士でちょっと話しあってみる。ただ、それは患者家族のいないところで行うのではない。その場でやるんですよ。その場で、専門家同士で、なになにさんのことについてこのようにわれわれは思うんだけれどもと、率直にその場で感じたこと、専門家が個人として今思ったことを話すのです。ここに回復できるヒントもあるんじゃないかとか。さまざまな見通しを含めた会話を、専門家同士でやるわけですよ。それを患者家族に聞いておいてもらう。次にもう一度、患者さんたちと向き合うわけです。今のわれわれの話をどう受け取りましたかと、このステップが入るんですね。

　リフレクティング・チームとか、オープン・ダイアローグとフィンの方法とはけっこう接点がありますよ。1回、専門家のステップ、きちっとした正規のものを踏む。そのうえで、その場でクライエントに返す。そこからまた応答が始まるわけですね。だけど、日本の患者さんの場合どう？　かなり専門知に引きずられませんか。

終　章 ❖ モノローグからダイアローグへ　心理アセスメントの新時代へ

田澤　あー、おそらく。そうだと思います。

森岡　私はそう思わないなんて、なかなか言わないでしょ？

田澤　はいはい。

森岡　そこはやっぱりね、ナラティヴ論の難しいところで、我々の言論はその文脈、コンテクストによって規定されていくので。だから、例えば医療の場ではこう振る舞うべきだとか、こう言っておこうとかね、そういう暗黙の力関係の中で、言葉はかなり抑制されますよね。だからその、語りの場の手前のところ、力関係をできるだけ排除する、安心の場をどう作るかというのは大変でしょうね。日本においては特に。

田澤　そういう意味で言うと、たとえフィンの協働的／治療的アセスメントを行ったとしても、協働的に行うっていう、その前提がしっかりしていないと、従来の情報収集のアセスメントと変わらないということになってしまうんですね。

森岡　なってしまう。そこに陥る危険性は十分ある。つまりそんなに積極的にそこに関わって、共同構成を担う一翼としてクライエント、患者さん達がいるとは限らないと思います。むしろ先生におまかせ、「それは仰る通りです」ってかたちになってしまうことはあるわけで。この困難をどうするかですね。
　やっぱりこれは歴史的にも、日本の風土とか文化的な対人関係の文脈があって、自分自身が主体的に自由に振る舞う以前のこと

が多いんですよ。だからテスト場面の場合どうなるかっていうの
は、うん、できるだけテストを早く終わりたい人もいるかもしれ
ませんしね。私もう別に話すことないですよって人もいるかもし
れないしね。消極的になってしまうこともあるのかもしれません
から。それをどうするかなんですよね。これは今、病院と、他、
どんな場面で使われていますかね？

田澤　そうですね、例えば相棒の橋本忠行先生ですが、大学のカ
ウンセリング・センターで行っています。

森岡　ああ、なるほど。

田澤　非常にあの、丁寧に行うので時間がかかりますから。

森岡　そうですよね。

田澤　病院の中で行うのはなかなか難しいかなあと思います。

素 の 時 間 、 具 の 時 間

森岡　なるほど、時間的な問題、制約もありますよね。経済の問
題もあるし。うーん、例えば司法の場、さまざまな法務機関、現
場で、綿密なアセスメントが行われていますが、ああいった場で
したら、もっと何重にもコンテクストが規定されています。処遇
の対象であるという文脈が優位な場合、うーん、そういった場合

終　章 ❖ モノローグからダイアローグ　心理アセスメントの新時代へ

に、じゃあこの協働的なものがそこでどう作られるのかっていうのは、ものすごく面白い問題です。僕はそういった場だからこそ逆に、その協力的な声が、関係の作り方によっては動くんじゃないかなと思います。アセスメントの場というのはなかなかキツイけども。「素の時間」てご存じですか？

田澤　はい？　す？

森岡　素直の素の字書くの、素。「素の時間」。

田澤　「素の時間」。はあ。

森岡　樽味伸<ruby>樽味伸<rt>たるみしん</rt></ruby>という精神科医、若くして亡くなられた精神科医が使った言葉なんですけれどね【注4】。

田澤　ああ、そうですか。

森岡　ある女性の慢性病棟にいる患者さんから眠れないという訴えが入り、看護ステーションに、ドクターがかけつけるのです。やや険悪な状態を推測していたら、患者さんがよう眠れないけどもと言いつつニコニコしている。ドクターもしばらくそばにいると、なんかそこから患者さんが自然に、生い立ちのさまざまな出来事を語り出されたという。医者、患者さん、という役割を取っ払ってね、人と人の自然な交流があったという。樽味はそういう時間を「素」と言うんです。役割を持った、具体的な「具の時間」の正反対であると。そういったものっていうのは、病院だけでな

くいろいろな現場で起きていると思うんです。みんな経験しているんだけども、それが残ってないだけなんですよ、多分。

　それから、先ほど言いましたように、アセスメントの場でも実際にはこの協働的なものがけっこう起きているんだけども、記録に載らない。それから、司法の場なんかもっとシビアかと思ったら、そうでもないと思いますよ。やっぱり、人、一人ひとりの持っているコアな部分が見えてくる時には、そこに我々はやっぱり色々なかたちで関心持つしね。そこに入っていこうとしますよね。その時に、ふっと「素の時間」がある。それは、テスト場面が終わってからかもしれませんけれどね。クライエントがさっき言わなかったけど、実際にはこんなこともあるとか言い出すとかね。それはいくらでもあるようですね。だからこの枠組みを、そういったことも含めてそれを積極的にアセスメントとして使い、場合によってはそれをセラピーとして活かす、回復への支援に活かしていく。ここはとても面白いと思いますし、意味深いと思いますね。

田澤　アセスメントの時間が「素の時間」になるっていうのは、一つの理想ですよね。

森岡　うん、僕そう思いますね。もし可能ならですよ。これは非常に困難なことでもあり、非常に逆説的な面もあるけれどもね。フィンたちの、もともとやっていることっていうのは、そこじゃないのかな。クライエント中心ということでしたね？

田澤　はい。

森岡 これは、アセスメントを受けるクライエント中心でのテスト場面でしょうし、進行ということだから。その時に我々が持っているこの準備状態っていうのは、テストする側とテストされる側という境目みたいなものとか、こう対象化する目っていうのは、いったん、置いておかないと話にならないですよね。そこから始まる、始まる前がけっこう重要なのかな。そうすると安心できる状態を作ることができる。

田澤 手前ですね。

森岡 手前ですよね。どう、作っていかれるかですよね。

田澤 で、そこで求められる、テスターと言いますか、アセスメントする側の態度といいますか、姿勢といいますか。どうしたら「素の時間」が作れるのかっていう、難しい問題ですよね。

カール・ロジャーズと心理アセスメント

森岡 そうですね。それは実際に、ロジャーズなんかは、テストを、どのようにしていたのでしょうか。彼は若い時にはロチェスターの児童相談所の職員でしたから、当然テストはしたでしょうね。

田澤 たくさん、取っていたみたいですね。

森岡 そういうのは残っているのかな。ロジャーズが非指示療

法、ノンディレクティブな方法をまず見つけたというのは、ロチェスターでのガイダンスでのある体験がむしろコアだったんですよね。ロジャーズが、もしテストをした場合に、どう使ったんでしょうかね。後年はやっていないでしょうけどもね。その後、診断的理解と共感的理解を対比して二分化して議論する傾向があります。彼の立場を強調し、主張するためには、そういう二分法も必要だったかもしれませんが。

　彼は診断無用論というようなこともどこかで述べたとも、言われていますが、彼が言いたいことというのは、そういうアセスメントの持つ、それこそ狭い意味での対象化した目、こちらのマップに従ったかたちで相手をチェックする。こういう機械的な目に対する批判でしょう。で、実際場面においては、彼はアセスメントにおいても当然そのような共感的なもの、彼が言っているところのね、ここで言えば協働的なものというのは、十分認めるでしょうし、そこを彼はオープンにキャッチしていたんじゃないでしょうかね。

田澤　ここ、たまたま日本人間性心理学会の会場なんですけど、フィンのその協働的／治療的アセスメントは、人間性心理学の世界にこれから、ますます浸透していく可能性はあるのだろうかという問いですけど。

森岡　うん、いやもう是非ここで出してほしいですね。アセスメントに関しては人間性心理学会は若干そこのところが、弱いというか、そこへの意識を持たないと。なかなかベースがないところで、この学問領域を作っているところもあります。特に日本ではそうでしょうね。歴史的に見ても、心理学は測定から入りましたよね。

終　章❖モノローグからダイアローグへ　心理アセスメントの新時代へ

心理学は常に測定を大事にしていますよ。アセスメントは常に測定が入ってきますから。私は、まあ残念ながらそういった測定のツールみたいなものがほとんど手中にありませんが、心理学者はやはり何らかのそういうツールをしっかりと自分のものにし、それによってとりあえず人を見てみるということの専門性っていうのは、これは決して外してはならないと思いますね。

　ただ、それはあくまでツールですから、当然そこにいる、まさに名前を持った「私」と「あなた」が、そのツールを媒介にして何を交わし合うかってことに、ロジャーズは関心を持ったわけでしょ？　おそらく。交わし合うことで何が見えるかってことですよ。何が浮かび上がってくるか、あるいはもっと言えば、ニューアウトカムです。なんかもっと意外なこと、そこから思いがけない連想や、イメージなどがわいてきた場合には大歓迎ですよね。そこにこそ関心がありますと、ロジャーズは言うでしょうね。その場合は、とりあえずツールは置いておいて。しかしそうすると、「とりあえずじゃ困る。テスト全体が未完成で信頼できない」という声ももちろん出てくるでしょう。だからフィンの場合は、いったんは、客観的な測定をきちっと行った上で、専門知をきちっと相手に伝える。それに対してクライエントにまず応答してもらう。で、そこから物語が生まれるんですよね？

田澤　そうなんですよ。

森岡　その物語の産出部分っていうのはどんなものか、本当にここはこれから聞きたいですね。実際例を元にしながらね。
田澤　それはあの、対話セッションのやっぱり、対話といいます

か、会話によって作られていくんだと思うのです。

森岡　あー、なるほど、会話のありかたですね。

田澤　ええ。専門家が心理テストのデータを整理して、その場所ではなく、二人が会ってその場のやりとりで生成していくものだと思うんですね。

おわりに

森岡　それはまあ、瞬が活きるという場でしょうから。「今、ここ」の状況の中で、会話の場面の中で思わぬことがどんどん生まれてくるとか、発見があるとか、深い情動的な気づきがあるとか。ここに、繋がっていくというアセスメントというのは、必要だと思いますね。ただそれが、より公共的な、人間科学、心理学のフィールドにどのように定位していくかに関しては、さまざまな壁は確かにあるでしょうね。先ほど言いました、効率性、経済性、有用性ってものが、もうこの社会においては最優先課題になってしまっていますからね。時代が悪いですよね。それをあえて、こういうアプローチのナラティヴ・アセスメントの草分けとして、シンポジウムで話題にされてこられたっていうのは、もう本当に、最大限の敬意を表したいと思っています。

田澤　ありがとうございます。

終　章❖モノローグからダイアローグへ　心理アセスメントの新時代へ

30分ほどの、炎天下でのインタビューであった。生粋の道産子として極寒の北海道に生きる聞き手にとって、当日の四国はまさに灼熱であり、途中で体調に異変を感じるほどであった。本来であればもっと聞かせていただきたいお話があったものの、これにて終了となった。映像としては日陰に移動してからの「素」の会話があり、これがまた興味深いのであるが、それは個人的な思い出として大切にしたいと思う。

　最後に、キャンパス内での撮影を許可していただいた聖カタリナ大学に感謝いたします。聞き手の勤務する北星学園大学と同じキリスト教系大学として、ますますのご発展をお祈りしています。また、インタビューの場には、創元社の津田敏之さんと宮﨑友見子さんが聴衆として参加してくださった。ありがとうございました。

❖注

1．正確に言うと、協働的アセスメントのフィッシャーの著書 (Fischer, C. T. (1985). *Individualizing psychological assessment.* Brooks / Cole.) が出版されたのが1980年代、治療的アセスメントのフィンの著書 (Finn, S. E. (1996). *Manual for using the MMPI-2 as a therapeutic intervention.* University of Minnesota press.) が出版されたのが1990年代である。

2．「ハーレーン」とは、コラボレイティヴ・セラピーのハーレーン・アンダーソンのことである。このアンダーソンとグーリシャンの「クライエントこそ専門家である－セラピーにおける無知のアプローチ」は、"McNamee, S. & Gergen, H. (1992). *Therapy as social construction.* Sage. （野口裕二・野村裕二・野村直樹 （訳） (1997)．ナラティヴ・セラピー──社会構成主義の実践─．金剛出版.）" に収められている。

3．セイックラのオープン・ダイアローグについては "Seikkula, J. & Arnkil, T. E. (2006). *Dialogical meetings in social networks.* Karnac.（高木俊介・岡田愛（訳）

（2016）．オープンダイアローグ．日本評論社.）"を、アンデルセンのリフレクティング・プロセスについては "Andersen, T. (1991). *The reflecting team: Conversations and conversations about the conversations.* Norton.（鈴木浩二（監訳）（2015）．リフレクティング・プロセス―会話における会話と会話―［新装版］．金剛出版.）"を、それぞれ参照されたい。

4．恥ずかしながら、聞き手はこの時、樽見先生の「素の時間」を知らなかった。初出は "樽味伸（2002）．慢性期の病者の「素の時間」．治療の聲，4(1), 41-50.　"である。

あとがき

　『ナラティヴと心理アセスメント』と題されたこの本が編まれた経緯は、尊敬する学兄の田澤安弘先生が「まえがき」で記した通りです。そして治療的対話としてのナラティヴ・アプローチを日本の臨床心理学へ導入した第一人者で、かつ海外への発信者でもある森岡正芳先生が、その意義を「序文」で励ましと共に明確にしてくださいました。森岡先生の選び抜かれた言葉一つひとつのおかげで、背表紙で綴じられた書籍としてのかたちが生まれたように感じています。

　この「あとがき」は、映画のエンドロールのようなものです。そこで日本心理臨床学会で自主シンポジウム「治療的アセスメントについて考える」を一緒に重ねてきた仲間たちの各章を、振り返ってみたいと思います。

　《序章：心理アセスメントにおける物語的転回》（田澤安弘）は、本書に理論的な骨子を与えています。哲学と心理学の歴史を遡ることで、フィッシャーとフィンの協働的／治療的アセスメントを日々の実践のなかでどのように位置づければよいのか、その根拠と思想を示しました。田澤先生と酒木保先生が2007年にフィン〔Finn, 1996〕の翻訳書を初めて日本で出版して以来、絶えることなく続く熱意が各章の原動力になっています。

　《第1章：協働的／治療的アセスメントとナラティヴ・セラピー》（橋本忠行）は主に三つの要素から構成されています。一つは査定

者としての私に生じた物語的転回、二つは協働的／治療的アセスメントとナラティヴ・セラピーの概念や技法の重なり、そして筆者に多くのことを教えてくれたいくつかの事例です。クライエントとの人間的な関係を心理アセスメントでも大切にしたい、と素朴に願いながら執筆しました。

《第2章：産業領域におけるMMPIを活用した協働的／治療的アセスメント》（大矢寿美子）では、人間ドック後のメンタルヘルス相談にMMPIを導入し、クライエントへフィードバックする流れがわかりやすく示されています。事例からは、MMPIを解釈する際に主訴や背景といった文脈を加味すること、そしてクライエントと査定者が相互に影響を受けながら「語る場」が得られることの重要さを学ぶことができます。

《第3章：医療領域における心理アセスメント》（吉田統子）では"問題志向"から"解決構築志向"へという心理査定のあり方が提唱されました。IPS（Individual Placement and Support）モデルによる精神科デイケアでの就労支援ではクライエントの長所を積極的に提示するという考えに基づき、バウムテストに見るストレングスのサインが示されています。協働的／治療的アセスメントでも大いに活用できると思います。

《第4章：司法領域における協働的／治療的アセスメント》（野田昌道）は、司法臨床という権威の関係が潜在的に埋め込まれた場での心理アセスメントであっても、クライエントの肯定的変化は十分に生じうるという希望をもたらしています。当事者の生きた体験としてのナラティヴとアセスメント結果を織り合わせるさま、さらにTATを用いた困惑や孤立感に焦点を当てたアセスメント介入により、非行少年の自己像が変化するさまを描き出して

あとがき

います。

《第5章：私設心理相談室で行う"治療的な"アセスメント》（田澤安弘・近田佳江）では、教育分野で知られるようになってきたダイナミック・アセスメントが援用されました。インテーク面接での「事前テスト→治療的介入→事後テスト＋変化のアセスメント」がいかにクライエントの不安を軽減するか、具体的な手続きやクライエントの語りと共に示されています。STAIの状態不安が大きく低下することに驚かされました。田澤先生が論じる通り、治療的介入における「前言語的な身体レベル」への意識と「間主観的な情動コントロール」が重要なのだと思います。

そして本書の企画が成立したのは《終章：モノローグからダイアローグへ　心理アセスメントの新時代へ》（森岡正芳）のおかげです。時系列的にも、ここが始まりでした。話し手である森岡先生と聞き手である田澤先生の豊かな対話は、著者たちの導きとなりました。"口語"の強さを感じます。さらにこの終章では、ナラティヴの視点から心理アセスメントに向けられた「問い」がいくつも提起されています。

田澤先生の「まえがき」と森岡先生の「序文」に目を通して関心を持ち、どこから読むか迷われた方は終章から始めるのはいかがでしょう？　それから各章に戻ることで、著者たちがこの「問い」に不器用ながら取り組む姿を感じられると思います。そのうち、いくつかの「問い」に応えられていればよいのですが。

序章から第5章を執筆した仲間たちは、いずれも心理アセスメントの専門家です。フィッシャーとフィンの協働的／治療的アセスメントに触発され、その実践と研究を重ねるうちにナラティヴ

の扉を開くことになりました。したがってナラティヴ論を専門とする読者からすると、概念の捉え方や記述に不十分なところがあるかもしれません。また心理アセスメントに詳しい読者からすると、著者たちが試みている、心理検査の新しくて協働的な使い方という技法の部分で戸惑いを感じるかもしれません。どういったご指摘でも幸いです。対話を続けましょう。

　最後に、出版にあたって創元社の津田敏之さんと宮﨑友見子さんには本当にお世話になりました。企画、調整、校正など、あらゆる点でお力添えをいただきました。特に気持ちが挫けそうな時にいただいた言葉には救われました。編集者として、そして見守り人として支え続けてくださったお二人に、こころからの感謝を申し上げます。

2018 年 3 月 18 日

橋本忠行

編著者

田澤安弘（たざわ・やすひろ）まえがき・序章・第5章

北星学園大学社会福祉学部福祉心理学科教授

北海道大学大学院教育学研究科修士課程修了。単科精神病院の心理士を経て、現在は大学にて対人援助職の養成教育に従事すると同時に、私設心理相談室を開設して実践研究を行っている。専門領域は時間制限のブリーフセラピー、ダイナミック・アセスメントなど。主要論文として単著「痛みと心理療法——ウィトゲンシュタインの言語ゲームとの関連において」（心理臨床学研究、19（4）, 2001）、翻訳書としてスティーヴン・フィン著『MMPIで学ぶ心理査定フィードバック面接マニュアル』（金剛出版、2007）などがある。臨床心理士。

橋本忠行（はしもと・ただゆき）第1章・あとがき

香川大学医学部臨床心理学科教授

九州大学大学院教育学研究科博士後期課程単位取得退学。福岡市博多区生まれ。川崎医療福祉大学医療福祉学部臨床心理学科助手、札幌学院大学人文学部臨床心理学科講師、同准教授、香川大学教育学部人間発達環境課程発達臨床コース准教授を経て現職。2008年4月から2009年3月にかけて、テキサス州オースティンの治療的アセスメントセンター客員研究員。そこでの経験が、現在の臨床と研究の基盤となっている。一人ひとりの違いを大切にした支援を続けていきたい。臨床心理士。

著　者（五十音順）

大矢寿美子（おおや・すみこ）第2章

金沢工業大学基礎教育部教授

中京大学大学院文学研究科博士後期課程修了。博士（心理学）。椙山女学園大学助手を経て金沢工業大学へ赴任し、准教授を経て現職となる。主に臨床心理学専攻の大学院生の指導に従事している。自身の大学院生時代、同期で立ち上げたMMPI研究会でFinn,S.E.の著書を輪読する機会があった。その後、MMPIとロールシャッハ・テストによる統合的解釈を研究テーマにしたことで再びFinnと「治療的アセスメント」に出会い、大学院教育にも取り入れている。臨床心理士。

近田佳江（こんだ・よしえ）第5章

北星学園大学学生相談センターカウンセラー

北海道大学大学院教育学研究科修士課程修了。心療内科クリニックの心理職に就いた後、スクールカウンセラーや予備校、大学の学生相談室など教育領域において心理相談業務に携わってきた。現在は、私立大学の専任カウンセラーとして学生相談業務に従事。専門領域は学生相談。主な論文は「学生相談における支持的心理療法の活用」（北星学園大学社会福祉学部北星論集、第48号、2011）、「全頭脱毛症を呈する幼稚園女児の遊戯療法過程」（箱庭療法学研究、第21巻1号、2009）など。臨床心理士。

野田昌道（のだ・まさみち）第4章

北海道医療大学心理科学部臨床心理学科教授
東京大学教育学部卒業。家庭裁判所で約30年間司法臨床に従事後、2016年に大学教員に転じた。大学教育の傍ら、ACTAにて、治療的アセスメントの研鑽、発展に努めている。主要訳書は、ジョン・E・エクスナー『ロールシャッハ・テスト──包括システムの基礎と解釈の原理』（共訳，金剛出版，2009）、スティーブン・E・フィン『治療的アセスメントの理論と実践──クライアントの靴を履いて』（共訳，金剛出版，2014）など。臨床心理士。

森岡正芳（もりおか・まさよし）序文・終章

立命館大学総合心理学部教授
京都大学大学院教育学研究科博士後期課程単位取得退学。博士（教育学）。ナラティヴ（物語；語り）、ドラマ、対話という観点から、トラウマのケアや心身相関、文化と癒し、スピリチュアリティといった課題に取り組んできた。理論や方法が一見異なる心理療法の各学派に共通する要因を探求している。主な著書は『臨床ナラティヴアプローチ』（ミネルヴァ書房，2015）、『うつし　臨床の詩学』（みすず書房，2005）、How to create MA–The Living Pause–in the landscape of the mind: The wisdom of Noh Theater. *International Journal for Dialogical Science*. 9. 81-95. 2015；Remembering: A Story of Loss and Recovery of the Self. *Jung Journal: Culture & Psyche*. 10-1. 96-103. 2016　臨床心理士。

吉田統子（よしだ・もとこ）第3章

国立研究開発法人国立精神・神経医療研究センター病院心理療法士
大阪大学大学院人間科学研究科修士課程修了。同博士後期課程中途退学。岡山県出身。大学院で学んだ後、国立精神・神経医療研究センター病院に勤務。現在は精神障害者のリカバリー支援に携わる。専門領域はバウム・テスト、Solution-Focused Approach (SFA)、ストレングスなど。SFA発想の前提「クライエントは彼らの問題解決のためのリソースを持っている。クライエントが彼らの解決のエキスパートである」を信条としている。臨床心理士。

ナラティヴと心理アセスメント
協働的／治療的につなぐポイント

2018年8月30日　第1版第1刷　発行

編著者	……	田澤安弘・橋本忠行
著　者	……	大矢寿美子・近田佳江・野田昌道・森岡正芳・吉田統子
発行者	……	矢部敬一
発行所	……	株式会社 創元社

　　　　　　　http://www.sogensha.co.jp/
　　　　本社 〒541-0047 大阪市中央区淡路町4-3-6
　　　　　　　Tel.06-6231-9010　Fax.06-6233-3111
　東京支店 〒101-0051 東京都千代田区神田神保町1-2田辺ビル
　　　　　　　TEL.03-6811-0662

装丁・組版	……	寺村隆史
印刷所	……	株式会社 太洋社

© 2018, Printed in Japan　ISBN978-4-422-11682-2 C3011

〔検印廃止〕
落丁・乱丁のときはお取り替えいたします。

JCOPY 〈出版者著作権管理機構 委託出版物〉
本書の無断複写は著作権法上での例外を除き禁じられています。複写される場合は、そのつど事前に、出版者著作権管理機構（電話 03-3513-6969、FAX 03-3513-6979、e-mail: info@jcopy.or.jp）の許諾を得てください。

・好・評・既・刊・

エピソード教育臨床
生きづらさを描く質的研究

大塚類、遠藤野ゆり［編著］
大石英史、川﨑徳子、磯崎祐介［著］

四六判・並製・192ページ　●定価（本体2,000円＋税）
ISBN：978-4-422-11575-7

エピソードの奥に秘められた「物語」

誰も肩がわりできない「苦しみ」を生き抜く姿を等身大で描き、固有の思いに即して心のひだを映す、「質的研究」事例集。心的支援・対人援助に欠かせない「生きづらさ」の人間学。

・好・評・既・刊・

緩和ケアという物語
正しい説明という暴力

岸本寛史 [著]

A5判変型・上製・216ページ　●定価（本体3,000円＋税）
ISBN：978-4-422-11593-1

医療者と患者の相互交流の扉を開く

患者の個別の物語に固有の価値を見出し、
患者を語り手として尊重するナラティブ・アプローチを用いた時に
見えてくる緩和ケアの世界を、
具体的な事例と共に描き出す。

・好・評・既・刊・

傾聴の心理学

PCA をまなぶ
カウンセリング／フォーカシング／エンカウンター・グループ

坂中正義［編著］
田村隆一、松本剛、岡村達也［著］

A5判・並製・212ページ　●定価（本体2,300円＋税）
ISBN：978-4-422-11668-6

ほんとうに「人の話に耳を傾ける」って… むずかしい？
心理・教育・福祉・医療といった場面の他、
日常で活きる「傾聴力」を本書では易しく学びます。
手始めに、傾聴の生みの親「パーソンセンタード・アプローチ」の総覧から！